Kalt erwischt!
44 und mehr superspannende Rätselkrimis

Rainer Crummenerl, Andreas Dierßen, Stefan Wilfert

Kalt erwischt!
44 und mehr superspannende Rätselkrimis

Mit Illustrationen von Klaus Puth,
Andreas Dierßen und Peter Friedl

Ravensburger Buchverlag

Als Ravensburger Taschenbuch
Band 54428
erschienen 2014

1 2 3 4   17 16 15 14

Limitierte Lizenzausgabe
mit freundlicher Genehmigung der arsEdition GmbH, München
Die Originalausgabe erschien 2005 unter dem Titel
„Rätselkrimis" bei arsEdition GmbH, München.
Text Copyright © arsEdition GmbH, München
In diesem Band sind folgende Titel enthalten:
Kommissar Kreuz – Tatort München
© 2004 arsEdition GmbH, München
Text: Stefan Wilfert, Illustrationen: Peter Friedl
TOP-Team Ratekrimis – Kalt erwischt
© 2001 arsEdition GmbH, München
Text und Illustrationen: Andreas Dierßen
Kommissar Hell und der Milionenraub
© 2000 arsEdition GmbH, München
Text: Rainer Crummenerl, Illustrationen: Klaus Puth
Umschlaggestaltung unter Verwendung einer Illustration von Ralf Butschkow

Alle Rechte dieser Ausgabe vorbehalten durch
Ravensburger Buchverlag Otto Maier GmbH
Postfach 18 60, 88188 Ravensburg

Printed in Germany

ISBN 978-3-473-54428-8

www.ravensburger.de

Kommissar Hell und der Millionenraub

Verflixte Linda!	11
Bestohlene Gäste	18
Der Schneekönig	24
Ein genialer Plan	33
Freitag, der Dreizehnte	39
Zwei geniale Ideen	44
Der Fenstersturz	52
Verrechnet	58
Gefilmt	65
Ein sonniger Frühlingstag	71
Urlaubsfreuden	77
Der Ausbruch	82
Falscher Verdacht	88
Ölschinken	94
Der Ausflug	101
Der Millionenraub	107
Auflösungen	113
Auswertung	120

Kalt erwischt

Einleitung	122
Eine alte Bekannte	124
Verstrubbelt und unrasiert	128
Die geheimnisvolle Klientin	132
Ein ungewöhnlicher Auftrag	136
Der Schrei	140
Kein großer Verlust	144
Ein ganz bestimmtes Bild	148
Aus Not verkauft	152
Die verfolgte Unschuld	156
Der Künstler höchstpersönlich	160
Nachforschungen im Internet	164
Dem Künstler auf der Spur	168
Tauschgeschäft	172
Ein teurer Tipp	176
Kommissar Tappke greift ein	180
Auf der Flucht	184
Wie im Fernsehen	188
Inkognito	192
Ein alter Bekannter	196
Auftritt Dieter Siffke	200
Kinder klären Kunstraub auf	204
Wie T.O.P. bist du?	205

Kommisar Kreuz
Tatort: Museum
Kreuzwortratekrimis

Guten Tag!	209
1. Fall: Eine Bande wird gebildet	211
2. Fall: Eine Falle für Toni Draise	220
3. Fall: Der alte Draise	228
4. Fall: 1:0 für Toni Draise	236
5. Fall: Benni arbeitet solo	242
6. Fall: Der süße Safe	250
7. Fall: Ein dicker Hund im Kunstmuseum	258
8. Fall: Toni Draise in Schwarz-Weiß	266
9. Fall: To-to-to-to-toni!	274
10. Fall: Der große Tag der Soko	282
Lösungen	293

Rainer Crummenerl

Kommissar Hell
und der Millionenraub

Mit Illustrationen von Klaus Puth

Verflixte Linda!

Endlich Feierabend! Maximilian Hell hat es sich in seinem Schaukelstuhl gemütlich gemacht und kaut genüsslich Gummibärchen. Mal wieder hat der Kommissar das Revier erst spät verlassen können. Aber den schäbigen Rest des Tages wird er sich nun von niemandem mehr stehlen lassen! Vorsorglich hat Hell »den Kommissar« und alles, was zu dem gehört, in sein kleines Schlafzimmer verbannt. Selbst das Telefonkabel im Flur hat er herausgezogen.

Maximilian Hell hat sich also bestens auf das Wiedersehen mit seinem Schulfreund Eddie Köppich vorbereitet. In zwei oder drei Minuten wird er erscheinen – allerdings nur auf dem Bildschirm des Fernsehapparates. Eddie ist Fußballspieler beim Meister. Vor zwei Jahren war er ein großer Star.

Hell tastet nach der Fernbedienung. Verflixt, wo hat er sie nur wieder hingelegt? Verärgert schwingt er sich aus seinem Stuhl. Die Runde im Zimmer ist schnell gemacht. Nichts. Also im Schlafzimmer nebenan. Hell öffnet die Tür – und erstarrt. Das Telefon läutet. Noch mal verflixt – hat er nicht eben erst die Schnur herausgezogen? Richtig, aber das Telefon, das hier klingelt, braucht keine Schnur. Es ist sein Handy. Der Kommissar zögert. Dann fingert er die Knöpfe seines Hemdes ab. »Ich gehe ran, ich gehe nicht ran, ich gehe ran.« Natürlich, Hell geht ran.

»Na endlich«, hört er Hauptkommissar Grämlich grummeln, »liegen Sie etwa schon im Bett?«

»Nein, nein«, stammelt Hell überrascht, »ich erwarte doch noch Besuch.« Er überlegt kurz. »Einen alten Kumpel, Eddie Köppich, vielleicht haben Sie ...«

»Wenn Sie *den* meinen, der gerade über meinen Bildschirm stolpert, ja, der ist mir bekannt.« Grämlich lacht leise.

Hell lacht mit. Was bleibt ihm anderes übrig. »Ja, so habe ich das mit dem Besuch auch ge...«

»Das habe ich mir gedacht«, unterbricht ihn der Hauptkommissar, »und deshalb möchte ich Sie um einen Gefallen bitten.«

Und dann erfährt Maximilian Hell eine unglaublich banale Geschichte. Hauptkommissar Grämlichs Nichte hat eben angerufen und ihren Onkel um Hilfe gebeten. Nicht für sich, nein, aber Linda sei wohl eine richtige kriminalistische Spürnase, eine »echte Grämlich eben«. Da hätte sich Hell beinahe verschluckt. Also, Linda hat im Fenster eines gegenüberliegenden Bürogebäudes einen winzigen Lichtschein bemerkt. Das gab es um diese Zeit, es war immerhin schon kurz vor 23 Uhr, noch nie. Und der firmeneigene Parkplatz sei leer! »Also: Aufgepasst und haltet den Dieb!«, schließt Grämlich seine Erläuterungen.

»Und da soll ich ...?«, ahnt Hell seinen Auftrag.

»Tun Sie mir den Gefallen«, sagt der Hauptkommissar ungewöhnlich milde. »Ich kann doch wegen so etwas nicht die Streife rufen. Aber Linda gibt keine Ruhe, wissen Sie. Und außerdem ist das ziemlich in Ihrer Nähe,

Lindenallee 43. Sonst hätte ich natürlich selbst ... Und beeilen Sie sich bitte.«

Maximilian Hell schaltet das Handy aus. Und noch mal verflixt! Hoffentlich bekommt er wenigstens noch die zweite Halbzeit mit.

Der Kommissar beschließt, seine Inlineskates zu nehmen. Drei Minuten später steht er auf der Straße. Die Nacht ist lau. Nur wenige Autos sind unterwegs. Rasch erreicht Hell die Lindenallee. Hausnummer 48, 46, 44. Dort drüben ...

»Hallo«, sagt da plötzlich eine forsche Stimme, »Maximilian Hell?«

Maximilian! Wer hat ihn so schon jemals gerufen? Der Kommissar dreht sich um. Aus einem Hauseingang tritt eine junge Frau mit langen, blonden Haaren. Linda?

»Ah, Sie sind sicher die kriminalistische Spürnase aus dem Hause Grämlich.«

Die junge Frau lächelt verschmitzt und nickt.

»Danke für die Einladung«, sagt Hell und schaut zur anderen Straßenseite hinüber. »Wo ist es?«

Linda zeigt auf ein Fenster im ersten Stock. Ein kaum wahrnehmbarer Lichtschein schimmert durch die Jalousie.

»Sie bleiben hier«, bestimmt der Kommissar und überquert die Straße. Im Schutz einer hohen Hecke erreicht er das Gebäude. Die Eingangstür ist nicht abgeschlossen.

Geräuschlos steigt Hell die Treppe hinauf. Eine Parkplatzlaterne scheint durch das Flurfenster. Sie erleichtert ihm die Orientierung. Da, die dritte Tür von links: Ist die nicht nur angelehnt? Der Kommissar lauscht, zieht sie auf – und schaut in ein Vorzimmer. Hier gehen zwei weitere Türen ab. Sie sind dick gepolstert. Hell wählt die rechte.

Vorsichtig drückt er gegen das Polster. Nein, diese Tür ist geschlossen. Der Kommissar legt seine Hand auf die Klinke. Noch einmal holt er tief Luft. Dann fliegt die Tür auf.

Der Mann hinter dem Schreibtisch ist einer Ohnmacht nahe. Entgeistert glotzt er den Kommissar an, zieht seine Hände aus der Schublade und japst: »Können Sie nicht anklopfen?«

»Nein«, sagt Hell, »das ...«

Aber der Mann hat sich schnell gefasst. »Was heißt hier Nein! Und wer sind Sie überhaupt? Was, zum Teufel, haben Sie in meinem Büro zu suchen?«

»Kriminalpolizei, Hell. Wir bekamen einen Hinweis. Das Licht hier, verstehen Sie, um diese Zeit!«

»Kriminalpolizei?« Ungläubig mustert der Mann den schlaksigen Burschen mit den Inlineskates.

»Dann haben Sie ja auch sicher einen Dienstausweis.«

»Klar doch.« Hell will in seine Jackentasche greifen, doch da bemerkt er, dass »der Kommissar« mit allem, was dazugehört, in seinem Schlafzimmer ruht. Na, dann gute Nacht. »Also«, sagt Hell und räuspert sich verlegen, »wissen Sie ...«

»Ja, ich weiß.« Der Mann steht auf. Er ist groß und kräftig. »Und jetzt verschwinden Sie, bevor ich die Polizei wirklich rufe!«

»Eine gute Idee«, sagt da wieder die forsche Stimme, »wenn ich die nicht schon gehabt hätte.« Linda – zum vierten Mal verflixt! Die junge Frau lehnt an der gepolsterten Tür, zeigt auf ihr Handy und deutet in Richtung Parkplatz. »Da unten sind sie, zwei Streifenwagen, mindestens.«

Der Mann guckt entgeistert und versucht, so unauffällig wie möglich, das Schubfach zu schließen.

»Geben Sie sich keine Mühe«, sagt Hell, »das hilft Ihnen jetzt auch nicht mehr.«

Später, als alle Formalitäten erledigt sind, gehen Linda und der Kommissar über die Straße. Hell schüttelt den Kopf. »Das hätte aber auch schiefgehen können, Fräulein Grämlich!«

»Morgenroth!«, verbessert Linda empört, »ich heiße doch nicht Grämlich! Und das Fräulein können Sie sich auch sparen.«

»Wenn Sie sich nur nicht so benehmen würden! Wie eine Grämlich, meine ich. Mir nachschleichen und in die Ermittlungen pfuschen – also, davon kann ich ein Lied singen!«

Linda lächelt. »Vielleicht hat Onkel Hubert aber auch allen Grund dazu. Sie haben ja bis zuletzt nicht gemerkt, dass der Mann dort oben gar nicht an diesen Schreibtisch gehört!«

Hell winkt ab. »Das wusste ich schon, als Sie noch auf der Straße waren. Aber wenn wir schon einmal dabei sind – seit wann wussten Sie es denn?«

»Das möchten Sie wohl gerne wissen.« Linda lacht

und wirft ihren Zopf über die Schulter. »Das erzähle ich Ihnen aber erst, wenn wir uns das nächste Mal sehen.«

Hell stutzt. Dann huscht ein Lächeln über sein Gesicht. »Eine ausgezeichnete Idee«, erwidert er. »Das ist aber noch kein Grund, mich bis dahin auf die Folter zu spannen!«

»Na gut, überredet. Also, ich habe gehört, wie der Mann von *seinem* Büro sprach. Da hatte ich gerade das Vorzimmer erreicht. Und dann sah ich alles mit eigenen Augen – Sie, ihn, und *sein* Büro.«

Fragen: 1. Woran bemerkte Kommissar Hell, dass der Mann vermutlich nicht an seinem Schreibtisch saß? (1 Punkt)
2. Welche Beobachtung veranlasste Linda, die Polizei zu rufen? (1 Punkt)

Bestohlene Gäste

Jonathan Grömke, langjähriger Portier und Geschäftsführer des Hotels »Schwan«, kann es nicht fassen. Zum vierten Mal innerhalb der letzten zwei Wochen sind Gäste bestohlen worden.

»Ungeheuerlich«, tobte heute Mittag der Besitzer des »Schwan« am Telefon, nachdem Grömke ihm davon berichtet hatte, »das darf doch in einem Haus wie dem unseren nicht vorkommen! Sie glauben doch nicht im Ernst, dass ich Sie ... So unternehmen Sie endlich etwas!«

Nun sitzt Jonathan Grömke also in Hells Büro und knetet seine Hände. »Sie haben uns doch schon einmal geholfen, Max. Na ja, und dann hat mein Sohn ... also Philipp hat mir keine Ruhe gelassen. Ich soll Ihnen übrigens dies hier von ihm geben«, sagt er und zieht eine Packung Gummibärchen aus der Tasche.

»Das ist ja Beamtenbestechung!« Hell zwinkert dem Mann zu und schaut sich vorsichtig um. »Aber bei Gummibärchen bin ich einfach machtlos. Grüßen Sie Philipp ganz herzlich.« Geschickt lässt er die Tüte in seinem Schreibtisch verschwinden. »Na, dann lassen Sie mal hören!«

Der Portier kramt einen Zettel hervor. »Sie wissen ja selber, in einem Hotel kommt immer mal etwas abhanden. Aber was zu viel ist, ist zu viel! Und wenn sich in den nächsten Tagen ...«

»Können Sie ...?«

»Pardon, ich mache es kurz.« Jonathan Grömke faltet den Zettel auseinander. »Also, vor zehn Tagen beklagte Frau von Lichtenstein – sie ist unserem Haus schon seit Langem verbunden – den Verlust eines Buches. Sie sei untröstlich und würde sich ...«

»Moment«, unterbricht der Kommissar, »bei wem beschwerte sich die Dame? Bei Ihnen?«

Der Portier nickt. »Wir kennen uns schon seit vielen Jahren. Auch die anderen bestohlenen Gäste haben sich ausschließlich an mich gewandt. Sie wollten kein Aufsehen, verstehen Sie. Es handelt sich nämlich in jedem der Fälle um Stammgäste. Außerdem bemerkten die Herrschaften ihren Verlust immer erst im Verlauf des Tages. Und da bin ich dann ja im Hause.«

»Sie haben noch immer keinen Nachtportier?«

Jonathan Grömke schaut Hell erstaunt an. »Hat Ihnen Philipp denn nicht ...? Natürlich hat der »Schwan« jetzt einen Nachtportier, seit acht Wochen. Finger heißt er, Ron Finger. Wir sind alle sehr erleichtert.«

Der Portier guckt wieder auf seinen Zettel. »Ja, also, dann kam der Herr Prätorius zu mir. Er vermisst seine neue Krawattennadel. Das war vor acht Tagen.« Jonathan Grömke räuspert sich. »Kurz darauf beklagte Herr Ludwig den Verlust seiner Designer-Sonnenbrille. Und heute nun Herr Schumann, ein sehr lieber Gast. Er ...«

»Der Uhrenvertreter?«

»Richtig, Sie kennen ihn ja noch von damals, als Sie sich bei uns eingemietet hatten! Also, Herr Schumann hat vorgestern von einem Kunden eine Lupe geschenkt bekommen. Gestern Morgen, als er sie ausprobieren wollte, war sie verschwunden. Nachdem er sie heute immer noch nicht gefunden hatte, wandte er sich an mich.« Der Portier faltet den Zettel wieder zusammen. »Ich weiß, was Sie jetzt denken, Max. Aber manchmal genügen eben Kleinigkeiten, um einen guten Ruf zu ruinieren. Und wir sind auf ...«

»Ich verstehe«, sagt Hell, »... jeden Gast angewiesen.« Er steht auf und nimmt die Gummibärchen aus der Schreibtischschublade. »Worauf warten wir noch?«

Als Jonathan Grömke und der Kommissar im »Schwan« eintreffen, hat Hell schon einen Plan. Zunächst wird er dem Zimmermädchen Sophie ein bisschen auf den Zahn fühlen. Danach möchte er Ron Finger und anschließend mit dem Kellner Robert sprechen. Alle drei kommen als mögliche Täter infrage.

Natürlich bestreitet Sophie energisch, auch nur das Geringste mit den Diebstählen zu tun zu haben.

»Ich weiß, Sophie«, beruhigt Hell sie, »vielleicht haben Sie in den letzten Tagen aber irgendetwas Verdächtiges bemerkt. Eine klitzekleine Kleinigkeit nur.«

Die Frau überlegt sichtbar. Dann sagt sie: »Robert hat mal reingeguckt, da war ich beim Saubermachen in der 213, das ist das Zimmer von Herrn Ludwig. Robi hat ein bisschen Spaß gemacht und plötzlich hatte er eine Brille auf der Nase. ›Hey‹, sagte er, ›was für ein super Gestell!‹ Dem muss die Brille sehr gefallen haben! Er hat sie aber gleich wieder hingelegt.«

Mehr bekommt Hell aus der Frau nicht heraus. Die gute Sophie ist immer noch so naiv wie damals, denkt er. Und sie hat es doch tatsächlich geschafft, einen Kollegen zu belasten.

Inzwischen hat Jonathan Grömke das Hotel verlassen. Ron Finger hat ihn abgelöst. Hell zeigt ihm seinen Dienstausweis und stellt sich vor. »Einige Ihrer Gäste vermissen dies und jenes. Ich denke, wir sollten zusammenarbeiten.« Dabei legt er die Tüte Gummibärchen auf den Tresen.

Ron Finger langt besorgniserregend zu. Natürlich weist auch er jeden Verdacht weit von sich. »Ich heiße Finger und nicht Langfinger! Wenn ich nachts mal ein bisschen Ruhe habe, dann schleiche ich doch nicht in die Zimmer und klaue.«

»Sondern?«

»Dann schlafe ich. Tagsüber bin ich nämlich in der Uni!«

»Sie studieren?«

»Wieder mal, ja.« Ron Finger stopft sich eine zweite Hand voll Gummibärchen in den Mund. »Was fehlt denn eigentlich?«

»Das erfahren Sie gleich. Zunächst interessiert mich, wo die betreffenden Zimmer liegen.« Hell nennt dem Nachtportier die Namen der bestohlenen Gäste und dann bringt er die halb geleerte Tüte mit den Gummibärchen in Sicherheit.

Ron Finger geht voran. Vor der 109 bleibt er stehen. »Hier wohnt Herr Prätorius. Er kommt immer sehr spät.«

Hell nickt. »Herr Prätorius vermisst seine Krawattennadel«, sagt er. »Seit acht Tagen.«

»Oh«, entfährt es dem Nachtportier. Dann führt er den Kommissar eine Treppe höher. »Und das«, sagt er und zeigt auf die 209, »ist das Zimmer von Herrn Schumann.«

Der Kommissar guckt in seine Notizen. »Herrn Schumann wurde eine nagelneue Lupe gestohlen.«

»Tatsächlich?« Ron Finger lacht auf. »Wie soll er da auch die Krawattennadel vom alten Prätorius finden?« Und als Hell tadelnd den Kopf schüttelt: »Ist doch wahr! Der eine vermisst seine silberne Krawattennadel und dem anderen wird vorgestern Nacht eine Lupe geklaut. Ich könnte wetten, auch die ...«

»Wette gewonnen«, sagt Hell und erwähnt das gestohlene Buch und die verschwundene Sonnenbrille. Dabei lässt er sich die Zimmer von Frau von Lichtenstein und Herrn Ludwig zeigen.

Anschließend setzt sich der Kommissar in das Hotelrestaurant. Robert, der Kellner, eilt an seinen Tisch. »Eigentlich«, sagt Hell, »wollte ich dienstlich mit dir reden. Das hat sich nun allerdings erledigt, Gott sei Dank. Aber wenn du Lust hast, können wir nachher noch ein bisschen quatschen.« Er bestellt ein Schnitzel und ein Bier. »Übrigens, ich glaube, ihr solltet euch um einen neuen Nachtportier kümmern!«

Frage: Durch welche zwei Äußerungen hat sich Ron Finger verraten? (2 Punkte)

Der Schneekönig

Was für eine finstere und ungemütliche Nacht! Martha Fröhlich verbringt sie schon seit dem frühen Abend in ihrem Bett. Die alte Dame schläft wie ein Murmeltier. Aber nicht sehr lange.

»Was ist denn das?«, denkt sie und schreckt hoch. Irgendein Geräusch hat sie aus dem Schlaf gerissen. Sie guckt auf ihren Wecker. Es ist 2.39 Uhr.

Martha Fröhlich richtet sich im Bett auf und lauscht. Da, da ist es wieder! »Huui« macht es, und dann klappern ihre Fenster.

Eigentlich müssten der alten Dame jetzt die Haare zu Berge stehen. Aber sie weiß inzwischen, was passiert ist: Starker Wind rüttelt an ihren angekippten Fenstern.

Seufzend steht Martha Fröhlich auf, um die Fenster zu schließen. Rasch wirft sie noch einen Blick hinaus. Die Straße ist leer. Nur vorn an der Ecke bei Bäcker Knust steht jemand. Um diese Zeit! Die alte Dame tastet nach ihrer Fernbrille. Nun kann sie besser sehen. Die Straßenlaterne beleuchtet einen großen, schlanken Mann. Er ist dunkel gekleidet und eine Kapuze verdeckt seinen Kopf. Neben ihm liegt ein Rucksack. Der Mann macht sich am Schaufenster der Bäckerei zu schaffen.

Martha Fröhlich reißt ihr Fenster auf. »Hallo, Sie da«, krächzt sie in die Nacht hinaus, »was machen Sie denn da? Wenn Sie nicht gleich verschwinden, rufe ich die Polizei!«

Der Mann guckt erschrocken auf, greift nach seinem Rucksack und läuft davon.

Auf diesen Morgen hat Maximilian Hell schon lange gewartet. Die Bäckerei Knust ist gestern mit ihrer Renovierung fertig geworden! Endlich gibt es wieder frische Brötchen.

Gut gelaunt betritt der Kommissar den schmucken Laden. Aber Cornelia, die mollige Verkäuferin, macht ein betretenes Gesicht. »Gut, dass Sie kommen«, sagt sie zu Hell, »der Chef hat vielleicht eine Wut.«

»Was ist denn passiert?«

»Diese Schmierfinken«, röhrt da Herr Knust. Er kommt gerade mit einem Blech Streuselkuchen aus der Backstube. Der Bäcker setzt das Blech ab und drückt einen Knopf. Lautlos geht der Rollladen des Schaufensters nieder. »Kommen Sie«, sagt er, legt Hell seine bemehlte Hand auf die Schulter und führt ihn nach draußen. Jetzt sieht der Kommissar, was den Bäcker so in Rage versetzt hat.

Quer über den nagelneuen Rollladen glänzen riesige Buchstaben. Hell tritt ein paar Schritte zurück und entziffert die über einen halben Meter große Aufschrift als SNOW. Sie ist mit weißer und schwarzer Farbe gesprüht worden. An das W schließt sich noch eine kleine, verschnörkelte 1 an.

»Narrenhände beschmieren Tisch und Wände«, tobt der Bäcker. »Wenn ich den erwische!« Schnell geht er in seinen Laden zurück und drückt abermals den Knopf. Der Rollladen gleitet wieder nach oben.

»Haben Sie schon eine Anzeige ...?«

Der Bäcker lacht böse auf. »Ich wollte schon. Aber Ihre Kollegen wollten noch nicht. Die liegen offenbar noch ...«

»Wir beginnen erst um acht.« Der Kommissar guckt auf seine Uhr. »Und wenn ich das noch schaffen will, muss ich jetzt wirklich los.«

Er nimmt zwei duftende Brötchen mit. »Sie hören von mir. Spätestens morgen Früh. Machen Sie die Anzeige aber trotzdem.«

Vielleicht kann mir Philipp da weiterhelfen, denkt der Kommissar, als er im Bus zur Arbeit sitzt. Phil ist der Sohn des Portiers aus Hells Zeiten im Hotel »Schwan«. Der Kommissar hat ihm schon die Festnahme eines Bankräubers zu verdanken.

Im Büro lässt Hell sich mit Philipps Schule verbinden. Sie liegt nicht weit vom Stadtpark entfernt. Es dauert eine ganze Weile, bis er den Jungen ans Telefon bekommt.

»Hi, Phil«, beginnt der Kommissar. »Es geht um eine Graffiti-Geschichte, ganz in meiner Nähe. Kannst du mir helfen?«

»Ich glaube nicht.« Philipp senkt seine Stimme. »Aber Lucas kennt da jemanden. Ich rede mal mit ihm. Vielleicht lässt sich da was machen. Nach der Schule im ›Miami‹, okay?«

Es ist genau 13 Uhr, als Hell das vor allem von Schülern besuchte Café »Miami« erreicht. Philipp und Lucas winken ihm schon von Weitem. Neben ihnen sitzt ein schlaksiger Junge. Er heißt Sascha und trägt eine Baseballkappe. Der Kommissar hat ihn schon ein paarmal in seinem Viertel gesehen. Wahrscheinlich wohnt er auch in dieser Gegend.

»Hi«, sagt Sascha nur, »du zahlst?« Als der Kommissar nickt, bestellt er sich eine Riesenportion Pommes, Wiener Würstchen und eine Cola.

»Also«, beginnt Hell, »es geht um ein frisches Graffiti. Bei mir in der Nähe. Oben am Park.«

»Das Tag?«, fragt Sascha. Er isst, ohne aufzublicken.

»Das was?«

»Na, was da stand, will er wissen«, übersetzt Lucas, »ein verschlüsselter Namenszug oder so etwas.«

»SNOW«, sagt der Kommissar, »in solchen Buchstaben.« Er deutet ihre Größe an.

»Weiß, schwarz umrandet? Und am Fuß des W eine kleine verschnörkelte Eins?«

Der Kommissar nickt. »Richtig, die hätte ich beinahe vergessen. Woher weißt ...?«

»Bäckerei Knust«, sagt Sascha. »Ich hab es gesehen. Heute, kurz nach acht. Auf dem Weg zur Penne.«

»Ja, und?« Hell wird langsam ungeduldig. »Komm schon, ich will was hören für mein Geld!«

Sascha schiebt sich das zweite Würstchen in den Mund. Die Pommes hat er schon verdrückt. »Snow«, sagt er schließlich, »heißt Schnee. Und Schnee ist bekanntlich weiß.« Er steht auf. »Okay, und so heißt er auch. Daniel Weiß.«

»Und die verschnörkelte ...?«

Sascha zuckt mit den Schultern. »Vielleicht ein Hinweis auf seine erste Arbeit am Stadtpark.« Der Junge klopft kurz auf den Tisch, nickt Lucas und Philipp zu und turnt davon.

»Merkwürdig«, sagt Hell und schaut ihm kopfschüttelnd nach, »einfach einen Kumpel zu verpfeifen.«

»Kumpel?« Lucas schüttelt den Kopf. »Mensch, die hassen sich doch!«

»Sascha ist nämlich auch ein Sprüher«, klärt Philipp den Kommissar auf.

»Aber nicht so berühmt wie Danny«, weiß Lucas. »Den kennen sie überall als den ›Schneekönig‹.« Er bestellt sich noch eine Cola. »Nur eines begreife ich nicht: Der Danny hat doch ein ganz anderes Sprührevier als Sascha. Die Gegend vom Stadtpark gehörte noch nie dazu.«

»Vielleicht will er das ändern?«

»Dann gibt es Ärger. Das würde alle anderen gegen ihn aufbringen!« Lucas schüttelt den Kopf.

»Na gut«, sagt Hell, »das sind ja auch nur Vermutungen.« Er bezahlt die Rechnung. »Jedenfalls danke ich euch. Um den ›Schneekönig‹ werd ich mich alleine kümmern.«

Es ist schon 15 Uhr, als der Kommissar an Daniels Dachgeschosswohnung am Südring klingelt. Die Adresse hat ihm sein Computer verraten.

Hell muss sich beeilen, denn Grämlich sollte besser nichts von seinen privaten Ermittlungen mitbekommen. Der Hauptkommissar hat heute eine längere Besprechung bei Kriminalrat Locke. Hoffentlich dauert sie auch lange genug!

Hell will schon wieder gehen, als der »Schneekönig« endlich die Tür öffnet. Er sieht sehr verschlafen aus. Der Kommissar zeigt ihm seinen Dienstausweis. »Darf ich?« Sicherheitshalber stellt er einen Fuß in die Tür.

»Was ist denn jetzt noch?«, fragt Daniel Weiß. Er guckt aufsässig und sein Ziegenbart wackelt. »Ich hab euch doch schon alles erzählt!«

Hell versteht erst einmal gar nichts. »Wann hast du wem was erzählt?« Er folgt Daniel in die Wohnung.

»Na, den Bullen. Diese Nacht.« Der »Schneekönig« lässt sich in einen Sessel fallen. »Weiß denn bei euch die linke Hand nicht, was die rechte macht?«

Der Kommissar atmet auf. »Hat man dich also erwischt!«

»Leider. Die müssen einen Tipp bekommen haben.«

»Möglich.« Hell reibt sich die Hände. Er ist sehr zufrieden. »Dann gibst du also zu, den Rollladen der Bäckerei Knust besprüht zu haben?«

»Was soll ich?« Der »Schneekönig« springt auf. »Wer erzählt denn so was! Bäckerei Knust? Wo ist die denn?«

»Am Stadtpark. Aber das weißt du doch ganz ...«

»Da habe ich noch nie gearbeitet.« Daniel Weiß winkt ab. »Mein Revier ist hier im Süden. Und hier haben mich die Bullen auch erwischt.«

»So? Und wie kommt dann dein SNOW an den Rollladen?«

»Mein SNOW?« Der »Schneekönig« kann es nicht fassen. »Am Stadtpark? Mann, da will mir jemand was anhängen!« Wütend holt er sich eine Büchse Bier aus dem Kühlschrank. »Jetzt muss ich erst mal nachdenken.« Er geht zur Wohnungstür und öffnet sie weit. »Aber alleine. Und wenn dir das hier nicht gereicht hat, ruf doch bei den Bullen in Süd an. Die Nummer wirst du ja wohl noch herausbekommen.«

Eine halbe Stunde später sitzt Hell wieder an seinem Schreibtisch. Hauptkommissar Grämlich ist immer noch beim Rat, welch ein Glück!

Hell ruft zunächst im Revier Süd an und bittet um Informationen über die vergangene Nacht. Das Ergebnis entspricht durchaus seinen Erwartungen: Gegen zwei Uhr morgens ist der bekannte Sprüher Daniel »Danny« Weiß an der Südbrücke auf frischer Tat ertappt und vorläufig festgenommen worden. Weiß wurde verhört und kurz vor 6 Uhr nach Hause entlassen.

Was spricht also dagegen, überlegt der Kommissar, dass der »Schneekönig« sich zunächst den Rollladen der Bäckerei Knust und später die Südbrücke vorgenommen hat? Da dürfte ihm seine gespielte Ahnungslosigkeit überhaupt nichts nützen. Und ...

Die Tür geht auf. Hauptkommissar Grämlich betritt das Zimmer.

»Na, mit einem Bein wohl schon im Feierabend?«, sagt er und hält Hell eine Anzeige vor die Nase. »Aber daraus wird leider nichts!«

Der Kommissar schaut auf das Papier. Es ist die Anzeige des Bäckermeisters Knust. Er hat sie als Fax eingereicht. Die Fakten sind Hell ja bekannt. Nur eines ist ihm neu: »Eine Kundin, Frau Martha Fröhlich, kam heute Früh in mein Geschäft. Sie hat den Täter gesehen. Als sie gegen 2.40 Uhr aufwachte und ihr Fenster schließen wollte, sah sie ihn an meinem Rollladen hantieren. Sie rief ihm zu ...«

Hell lässt das Blatt sinken. 2.40 Uhr! Saß der »Schneekönig« da nicht schon auf dem Revier Süd? Wenn diese Zeit stimmt, dann kann ich meine Theorie vergessen!

»Eine Personenbeschreibung ist auch dabei«, reißt ihn Grämlich aus seinen Gedanken. Aber da hat es bei Hell gefunkt. Ein bisschen spät zwar, aber immerhin.

»Was soll ich mit einer Personenbeschreibung«, sagt er zu dem verblüfften Hauptkommissar, »wenn ich die Person bereits gefunden habe?«

Frage: Wen verdächtigt Kommissar Hell plötzlich und warum? (1 Punkt)

Ein genialer Plan

Es ist Anfang Dezember und lausig kalt. Frost zwickt in Nasen und Ohren und ohne Handschuhe braucht man sich über steif gefrorene Finger nicht zu wundern. Dabei ist bislang noch keine einzige Schneeflocke gefallen.

Kai Bucher sitzt mal wieder in der »Pappel« und trinkt. Missmutig nippt er an einem Glas Glühwein und starrt aus dem Fenster. Obwohl die Gegend der Kneipe Welten vom glitzernden Stadtzentrum trennt, herrscht auch hier draußen eine gewisse Weihnachtsstimmung. Die Leute eilen durch die Straßen und kaufen die Geschäfte leer. Und was sie alles kaufen!

Bei diesem Gedanken nimmt Kai Bucher einen kräftigen Schluck aus seinem Glas. Es ist schon das vierte oder fünfte.

»Ich muss zu Geld kommen, egal wie«, denkt er und bestellt ein neues Glas Glühwein. Dann schmiedet er einen Plan. Zwei Gläser später ist die Arbeit beendet.

Die Kirchturmuhr schlägt schon 21 Uhr, als Kai Bucher bei seiner Freundin klingelt. Sonja Ullmann wohnt unweit der Kneipe und keine fünfzig Meter vom Haus ihres Freundes entfernt. Während der Vorweihnachtszeit arbeitet sie auf dem Fischmarkt. Kai kann sie schon jetzt nicht mehr riechen. Sonja geht es kaum anders. Aber sie braucht das Geld.

»Hast du etwa wieder getrunken?«, fragt Sonja, als sie die glänzenden Augen ihres Freundes sieht.

»Quatsch! Ich hab nur einen Plan!« Kai winkt ab. »Wenn das klappt, dann kannst du deine Fische schwimmen lassen. Und es wird klappen, ich schwöre es dir.«

Das Mädchen schaltet den Fernseher aus und setzt sich auf die Couch. Kai beginnt zu reden. Erst muss Sonja laut lachen, aber nach ein paar Minuten ist sie schon viel stiller geworden. Schließlich nimmt Kai sie in die Arme und flüstert: »Fische bekommst du dann erst wieder in der Karibik zu Gesicht. Natürlich nur im Restaurant des Grandhotels oder beim Schnorcheln.« Da beginnen auch Sonjas Augen zu glänzen. Die junge Frau geht in ihr Schlafzimmer, packt ein paar Sachen zusammen und macht sich in ihrer Wohnung zu schaffen. Anschließend schaut sie ihrem Freund bei der Arbeit zu.

Kai sitzt am Couchtisch. Vor ihm liegt ein Stapel Zeitschriften. Mit einer Schere schneidet er Buchstaben aus und klebt sie auf ein Blatt Papier. Kai Bucher arbeitet flink und konzentriert.

Später packt er die Zeitschriften in eine Plastiktüte und löscht das Licht. Dann schließt er die Wohnung ab und schleicht mit Sonja aus dem Haus. Niemand hat die beiden gesehen.

Am nächsten Vormittag ist die Temperatur abermals um zwei oder drei Grad gesunken. Die Kälte hat Maximilian Hell in das Kaufhaus »Komplett« getrieben. Es liegt im Osten der Stadt, wo der Kommissar zurzeit ermittelt.

Hell reibt sich die Hände. Herrlich, diese Wärme! Langsam schlendert er durch das Kaufhaus. In der Süßwarenabteilung bleibt er stehen. Ihm ist gerade eine großartige Idee gekommen. Wie wäre es, wenn er Linda zum Nikolaus mit einer bunten Mischung Gummibärchen überraschen würde? Als sie ihn zum ersten Mal besucht hat, hat sie ihm sogar noch seine eiserne Reserve weggefuttert!

Fachkundig steckt der Kommissar seine frostrote Nase in einen Minieimer mit der Aufschrift »Bärenstarkes Fest«. Er enthält satte zwei Kilo Gummibärchen. Genüsslich beschnuppert Hell den süßen Inhalt, als sein Handy klingelt. Hubert Grämlich, ausgerechnet jetzt!

»Wo stecken Sie denn schon wieder?«, hört er den Hauptkommissar nörgeln. »Sie müssen sofort in die Wunderlichstraße, Nummer 147, 2. Stock, bei Ullmann. Kollege Münzner ist auch schon unterwegs. Aber Sie sind ja wohl näher dran.«

»Was ist denn passiert?«

»Eine Entführung. Mehr weiß ich auch noch nicht. Und beeilen Sie sich, ich bitte Sie!«

Hell wirft noch einen letzten Blick auf die Gummibärchen, schlägt den Mantelkragen hoch und verlässt das Kaufhaus. Zu dumm, dass Grämlich ihm ausgerechnet heute den Dienstwagen verweigert hat. Jetzt muss er durch die Kälte laufen.

Sieben Minuten später erreicht der Kommissar die Wunderlichstraße 147 und klingelt bei Ullmann. Ein junger Mann öffnet ihm. Er macht einen verzweifelten Eindruck. »Sonja ist weg«, stammelt er, als er Hells Dienstausweis gesehen hat, »einfach verschwunden!« Dann stellt er sich als Kai Bucher »von gegenüber« vor.

»Und wer ist Sonja?«, fragt der Kommissar und betritt die Wohnung.

»Sonja Ullmann ist meine Freundin, sie wohnt hier.« Der Mann führt Hell ins Wohnzimmer und zeigt auf ein Blatt Papier. Es liegt auf dem Couchtisch und ist mit ausgeschnittenen Buchstaben beklebt.

Der Kommissar genießt die wohlige Wärme in der Wohnung und liest, was auf dem Blatt steht: »Das ist eine Entführung. Warten Sie auf weitere Anweisungen. Aber suchen Sie nicht nach dem Mädchen. Es ist zwecklos. Das Komitee.«

»Es muss heute Früh passiert sein«, sagt der junge Mann, »wahrscheinlich gegen sieben.«

»Wie kommen Sie denn darauf?«

»Sonja arbeitet zurzeit auf dem Fischmarkt. Da muss sie schon früh raus.« Der Mann öffnet das Fenster. »Dort drüben, in dem roten Klinkerbau, wohne ich. Immer, wenn ich morgens Brötchen hole, sehe ich dieses Fenster hier weit offen stehen. Dann lüftet Sonja, auch wenn es noch so kalt ist.«

Hell zieht seinen Mantel aus. Es ist ihm jetzt entschieden zu warm geworden. »Und«, sagt er, »weiter?«

»Kurz bevor Sonja dann geht, meist so gegen halb acht, schließt sie das Fenster, klar. Dann weiß ich, dass sie weg ist.« Kai Bucher schluckt. »Heute bin ich gleich nach dem Frühstück in die Stadt gefahren. Zum Arbeitsamt. Das war so gegen Viertel vor acht. Na ja, dachte ich, jetzt hat sie wohl auch mal verschlafen. Aber als ich vorhin zurückkam und das Fenster noch immer offen stand, bekam ich es mit der ...«

36

»Wann genau war das?«, unterbricht Hell den Mann.

Kai Bucher schaut auf seine Uhr. »Vor 15 Minuten etwa, 10 Uhr 25 also. Ich bin dann gleich hierhergelaufen und da stand auch ihre Wohnungstür offen, sperrangelweit.«

Hell geht in den Treppenflur. »Wieso hat das eigentlich niemand mitbekommen? Gibt es hier keine Nachbarn?«

»Die Frau von dort drüben ist vor ein paar Tagen in ein Altenheim gezogen«, sagt Kai Bucher. »Und die anderen sind zur Arbeit oder im Urlaub.«

»Schade«, sagt Hell, »da haben sie glatt was verpasst.« Er holt sein Handy heraus und wählt die Nummer von Oberkommissar Münzner. »Sind Sie schon in der Wunderlichstraße? Na bestens, dann können Sie den Entführer ja gleich mitnehmen. Ich denke, Herr Bucher hat uns noch jede Menge zu erzählen.«

Frage: Wie kommt Kommissar Hell auf die Idee, dass Kai Bucher mit der Entführung zu tun haben könnte? (1 Punkt)

Freitag, der Dreizehnte

Als Kommissar Hell an diesem Morgen einen Blick auf den Kalender wirft, muss er schmunzeln. Es ist Freitag, der Dreizehnte. Oberkommissar Münzner, der Obervorsichtige, wird sein Auto also wieder in der Garage lassen – es könnte ja einen Kratzer abbekommen. Hauptkommissar Grämlich, der Hauptvorsichtige, ist noch ein bisschen schlauer. Er wird heute seine Überstunden abfeiern. Dabei weiß kein Mensch, wie sie eigentlich zustande gekommen sind.

Und Maximilian Hell? Dem ist es egal, ob der Freitag auf einen Dreizehnten oder Dreißigsten fällt. Der Kommissar freut sich über jeden Freitag – weil mit dem das Wochenende beginnt.

Als Hell an diesem Freitagmorgen sein Büro betritt, läutet das Telefon schon Sturm. Obermeister Wielant, ein uniformierter Kollege, ist am Apparat. Er sitzt eine Etage tiefer, direkt unter Kommissar Hell. Eigentlich bräuchte er nur an die Decke zu klopfen. Oder aus dem Fenster zu rufen.

»Hallo, Max«, sagt Wielant, »mach's dir gar nicht erst bequem! Würdest du mal eben runterkommen?«

Zwei Minuten später weiß der Kommissar, dass die Nachtschicht einen Einbrecher überrascht hat. Vor drei Stunden, in einem Kiosk am Nordplatz. »Guckst du dir den Kerl mal an?«, bittet Wielant und erklärt: »Das ist vielleicht ein komischer Vogel! Hat keinen Namen, keine Wohnung, keine Ausweispapiere und auch keine Lust, sich mit mir zu unterhalten. Schluckt aber unseren Kaffee literweise! Er sitzt nebenan. Ach so, außer einem Schlüsselbund haben wir bei ihm nichts gefunden.«

Hell will antworten, aber Wielant fügt noch hinzu: »Und bitte, vergiss die erkennungsdienstliche Tour. Ist mir heute einfach zu viel Papierkram.«

Hell grinst und wendet sich dem Mann im Nebenraum zu. Der »komische Vogel« nippt gerade an seinem Kaffee. »Hallo, was für eine Überraschung«, sagt Hell und ist kein bisschen überrascht.

Der Mann setzt die Tasse ab. »Ach, Sie schon wieder!« Er schüttelt den Kopf. »Hätte ich doch wissen müssen, dass der Nordplatz noch zu Ihrem Revier gehört. Esel, ich!«

»Kann man wohl sagen.« Kommissar Hell nickt und ruft seinen Kollegen herein. »Dein Vogel heißt Robert Bertel. Seine Kumpels nennen ihn aber nur Robbe.«

»Volltreffer!« Wielant erscheint im Türrahmen. Er ist begeistert. »Ich hab dir ja gleich gesagt, die erkennungsdienstliche Tour ...« Er winkt ab und zeigt auf den beleidigt dreinschauenden Mann. »Weißt du noch mehr über ihn?«

»Herr Bertel ist ledig, umtriebig und wohnt irgendwo am Zentralstadion. Wo genau, das solltest du schnell herausbekommen.«

Der Kommissar macht eine kleine Pause. »Und wenn ich mich recht erinnere, hat sich Herr Bertel auf Kioske und Imbissbuden spezialisiert. Robbe nimmt alles mit, auch was er nicht gebrauchen kann!« Hell lächelt ver-

40

sonnen. »Als ich ihn kennenlernte, fanden wir bei ihm neben Schnaps und Zigaretten auch drei große Kartons mit Gummibärchen. Dabei mag er gar keine. Ich musste mich damals sehr zurückhalten ...«

»Interessant«, murmelt Wielant. »Übrigens, diese Woche sind uns schon einige Einbrüche in Kioske gemeldet worden. Ich könnte mir gut vorstellen, dass unser Freund hier ...«

»Ha«, unterbricht Robbe den Polizisten. »Sie sind vielleicht eine Nummer! Nur weil mir auf dem Weg vom Bahnhof dieser dämliche Kiosk im Wege stand, bin ich noch lange nicht für Ihre ganzen Einbrüche zuständig.«

»Und das können Sie sogar beweisen, denn Sie waren diese Woche natürlich verreist«, meint Hell. »Richtig?«

Robbe nickt. »Heute Früh bin ich zurückgekommen. Ich war noch gar nicht zu Hause. Und wenn Sie wissen wollen, wen ich besucht habe, ich gebe Ihnen gern die Telefonnummern. Sie brauchen bloß anzurufen.«

»Versprochen«, schaltet sich Obermeister Wielant ein. »Aber erst einmal werden wir uns Ihre Wohnung anschauen. Sie sind herzlich eingeladen.« Er wendet sich an Hell. »Du kommst doch auch mit?«

Der Kommissar schaut auf seine Uhr. »Dann aber los!«

Zwanzig Minuten später stoppt der Polizeiwagen vor einem schmucklosen Mietshaus unweit des Zentralstadions. Robbe zeigt nach oben. »Dritter Stock, links. Aber ich sag's Ihnen noch mal: Seit einer Woche war ich nicht mehr zu Hause. Sie verschwenden Ihre kostbare Zeit!«

Keuchend erreichen sie die Wohnungstür. Wielant steckt den Schlüssel ins Schloss. »Ist das Ihr Einziger? Oder hat noch jemand ...?«

Robbe schnauft: »Ich führe doch keine Pension!«

Dafür ist die Wohnung tatsächlich auch viel zu klein. Vom Miniflur zweigen nur Küche, Bad und Wohnzimmer ab. In diesem muss Robbe auch schlafen – wenn er denn mal zu Hause ist. Aber darauf scheint heute absolut nichts hinzudeuten. Im Kühlschrank frieren nur ein paar Konserven, die Spüle ist leer und der Briefkasten im Erdgeschoss vollgestopft mit Werbesendungen. Aber auch sonst entdeckt Obermeister Wielant keine Spuren aktuellen Lebens.

Robbe gähnt.

»Richtig«, sagt Kommissar Hell, »Sie sind heute ja schon sehr zeitig aus den Federn gekrochen.«

Robbe nickt.

»Aber nicht sonst wo, wie Sie uns weismachen wollen, sondern hier in dieser Wohnung. Und wo Sie Ihre Beute versteckt haben, das werden Sie uns auch noch verraten.« Der Kommissar guckt bekümmert. »Leider müssen Sie uns auch zurück zum Revier begleiten. Tut mir leid, mein Freund, aber heute ist eben Freitag, der Dreizehnte!«

Frage: Woran hat Kommissar Hell erkannt, dass Robbe doch in seiner Wohnung gewesen sein muss? (1 Punkt)

Zwei geniale Ideen

Thilo Fröschke steht am Fenster und zittert. Es ist kalt in seinem kleinen Secondhandladen, der schon seit Langem kaum noch Kunden hat. Aber der Mann zittert nicht vor Kälte. Fröschke ist einfach nur aufgeregt. Eben hat es zu schneien begonnen. Langsam trudeln die großen, weichen Flocken vom Himmel. Und da ist dem Mann eine geniale Idee gekommen – seine zweite seit gestern.

Thilo Fröschke geht zum Telefon und wählt eine Nummer. »Du bist mir doch noch einen Gefallen schuldig«, sagt er hastig. »Ich erwarte dich in fünf Minuten. Stell deinen Passat auf dem kleinen Parkplatz bei mir gegenüber ab. Da ist jetzt noch genügend Platz. Also, ich verlass mich auf dich.«

Thilo Fröschke setzt sich in seine Ecke und atmet tief. Dann überfliegt er nochmals die Zeitung von gestern. »Banküberfall in der Uferstraße?«, lautet die Schlagzeile im Lokalteil. Und darunter heißt es: »Morgen Mittag beginnen die Dreharbeiten zur Fernsehserie ›Der unheimliche Kommissar‹.« Thilo Fröschke reibt sich die kalten Hände. Das passt wie die Faust aufs Auge. Und jetzt noch dieser Schnee. Vielleicht kann er seinen Laden ja doch retten!

»Nanu?«, wundert sich Hauptkommissar Grämlich, als Maximilian Hell wenige Minuten vor zwölf Uhr seinen

Computer ausschaltet und den Mantel anzieht. »Wo wollen Sie denn hin?«

»Einen Burger holen«, sagt der Kommissar. Er verzieht sein Gesicht. »In der Kantine gibt's heute Milchreis.« Grämlich nickt mit dem Kopf. Dann schüttelt er ihn. Wie kann man nur Milchreis nicht mögen!

Aber Hell isst auch keinen Burger. Der Kommissar lässt das Mittagessen heute ganz ausfallen. Er flitzt zur Uferstraße, wo gleich die Dreharbeiten zum »Kommissar« beginnen müssten.

Hell schlägt seinen Mantelkragen hoch. Wenn es nur nicht so heftig schneien würde!

In der Uferstraße ist der Teufel los. Hunderte Schaulustige drängen sich an den Absperrungen. Sie wollen dabei sein, wenn »Gangster« die River-Bank ausrauben und unerkannt fliehen können.

Hell mogelt sich nach vorn. Manchmal, wenn es gar nicht mehr weitergeht, zieht er seinen Dienstausweis. »Kriminalpolizei, bitte lassen Sie mich durch!« Dann murren die Leute zwar, aber die meisten machen Platz. Ein wenig ehrfürchtig sogar, wie Hell findet.

Der Kommissar hat die Absperrung noch nicht erreicht, als die Filmkameras zu surren beginnen. Die Banktür fliegt auf und vier vermummte Gestalten stürzen heraus. Zwei halten Maschinenpistolen im Anschlag, die anderen prall gefüllte Taschen in den Händen. Einer schleppt sogar noch einen Koffer. Die »Gangster« fliehen in Richtung Hauptbahnhof. Dann heulen auch schon Polizeisirenen. Drei Streifenwagen kommen angebraust. Sie verfolgen die »Gangster«, die schon im Schneegestöber verschwunden sind. Der dritte Streifenwagen bremst vor der Bank kurz ab. Hell muss grinsen. Manchmal sind Filmpolizisten tatsächlich nicht von echten zu unterscheiden! Der eine dort im letzten Wagen hat eine unglaubliche Ähnlichkeit mit Scholz! Hell wischt sich eine Schneeflocke aus dem Auge. Wahnsinn, das ist ja Scholz! Vor zwei Stunden hat er noch mit ihm geredet. Warum, zum Teufel, hat er da kein Wort über diesen Fernsehauftritt verloren? Wo Scholz doch sonst nichts für sich behalten kann!

Die Streifenwagen sind schon verschwunden, als vor der Bank plötzlich ein großes Durcheinander beginnt. Die Filmleute laufen aufgeregt umher und fuchteln mit den Armen. Sie machen einen irritierten Eindruck.

Hell versteht die ganze Aufregung nicht. Aber vielleicht ist das beim Film ja immer so. Da sieht er ein Absperrband auf der Straße liegen. Einer der Streifenwagen muss es zerrissen haben. »Verdammt«, murmelt der Kommissar, »was ist denn da los?«

Als sich nach ein paar Minuten noch immer nichts geklärt hat, muss Hell seinen Besuch in der Uferstraße abbrechen. Schade, aber viel länger kann man an einem Burger nun wirklich nicht herumkauen.

Im Revier empfängt ihn Grämlich mit ernstem Gesicht. »Blümel ist überfallen worden.«

»Blümel?« Hell weiß mit diesem Namen nichts anzufangen. »Wer soll denn das sein?«

»Na, Juwelier Blümel, der in der Uferstraße.«

»In der Nähe der River-Bank?« In Hell beginnt es zu arbeiten.

»Genau der.« Grämlich schüttelt den Kopf. »Ein paar Minuten vorher ist ein Notruf eingegangen. Ein Mann behauptete, gleich würde die Export-Bank überfallen werden. Raten Sie mal, wo die sich ...«

»Wenn Sie mich so fragen«, sagt Hell, »unweit der River-Bank.«

Grämlich nickt. »Unsere Streifenwagen sind sofort los und haben tatsächlich Bankräuber gestellt.« Der Hauptkommissar betrachtet seine Fingernägel. »Es waren Schauspieler. Das Fernsehen dreht hier mal wieder den ›Unsäglichen Kommissar‹, wie Sie wissen.«

»Den ›Unheimlichen‹«, verbessert Hell, während ihm langsam ein Licht aufgeht. »Und das haben die echten Gangster ausgenutzt. Die haben uns zur Export-Bank geschickt, wobei wir zwangsläufig die Dreharbeiten an der River-Bank behindern mussten, und sich dann in aller Ruhe über den Blümel hergemacht.«

»So ist es«, bestätigt Grämlich. »Das heißt, beinahe. Denn die Gangster haben sich nicht das Ladengeschäft von dem Blümel vorgenommen, sondern seine Werkstatt. Die liegt ein Stückchen weiter weg, in einer Seitengasse.« Er schlurft zur Kaffeemaschine. »Na, Sie werden sie schon finden.«

Als Hell am Tatort eintrifft, schneit es noch immer.

Moritz Blümel, der Juwelier, ist geschockt. »Ich habe die Sirenen gehört«, sagt er zum Kommissar, »und ich dachte noch, Gott sei Dank, jetzt haben sie es schon mitbekommen. Aber der Kerl grinste nur und trieb uns seelenruhig in den Pausenraum. Dann suchte er uns nach Handys ab, riss das Telefonkabel heraus und schloss uns ein.« Der Juwelier schluckt. »Und meine Frau stand vorne im Laden und hat nichts geahnt.«

»Und wie sind Sie ...?«

»Na, durch die Tür«, sagt einer der beiden Angestellten. Der junge Mann ist groß und kräftig. Er ist der Auszubildende. »Ich habe sie eingetreten. Dann bin ich auf die Straße gerannt und da sah ich ihn sogar noch wegfahren.«

»Wagentyp und Nummer haben Sie natürlich nicht mehr mitbekommen.«

»Wer sagt denn das?« Der Mann ist fast beleidigt. »Er fuhr einen weinroten Opel Kadett. Bei der Nummer möchte ich mich allerdings nicht festlegen.« Er überlegt angestrengt. »Aber es war eine Stadtnummer, mit R und S, glaube ich. Und dann eine 1-3-0. Die vierte Ziffer könnte eine 1 gewesen sein. Oder eine 7.«

Hell gibt diese Informationen augenblicklich an Grämlich weiter. Dann fragt er: »Kann jemand von Ihnen den Mann beschreiben?«

»Da gibt es nicht viel zu beschreiben«, sagt der Auszubildende wieder. »Er war mittelgroß und schlank. Und er hatte einen grünen Parka an. Und Handschuhe und eine Wollmaske übergezogen.«

Hell verzieht sein Gesicht. »Ergänzungen?«

Herr Blümel und die zweite Angestellte schütteln ihre Köpfe. Niemand kann der Beschreibung des jungen Mannes etwas Brauchbares hinzufügen.

»Na gut«, seufzt der Kommissar, »dann hole ich jetzt mal die Spurensicherung. Vielleicht erfahren wir ja doch noch ein bisschen mehr über den Täter. Inzwischen schildern Sie mir bitte noch mal, wie das alles abgelaufen ist.«

Eine Dreiviertelstunde später treffen die Beamten der Spurensicherung ein. Fast zeitgleich erreicht den Kommissar ein Anruf vom Revier. Grämlich hat den mutmaßlichen Halter des Fluchtfahrzeugs ausfindig gemacht. Es ist ein gewisser Thilo Fröschke, der in dem kleinen Vorort Engelsdorf einen Secondhandshop führt.

Ein Streifenwagen mit einem stolzen Hubert Grämlich auf dem Rücksitz holt Hell ab. Der Hauptkommissar höchstpersönlich möchte Thilo Fröschke festnehmen.

Es schneit kaum noch, als der Polizeiwagen auf den Parkplatz gegenüber des Secondhandshops einbiegt.

»Da, der Kadett«, sagt Hell und zeigt auf ein Auto. Es hat die Nummer L-RS 1307. Der Wagen ist, wie die meisten auf dem Platz auch, ziemlich verschneit.

»Na, also«, sagt Hell und steigt aus. Gemeinsam mit Grämlich und einem Streifenbeamten betritt er den Laden.

Thilo Fröschke macht ein überraschtes Gesicht. »Kann ich Ihnen helfen?«, fragt er schließlich. »Suchen Sie etwas Bestimmtes?«

»Schon gefunden«, knurrt Grämlich und mustert den Mann streng. Dann erklärt er den Grund ihres Besuchs. »Vor wenigen Stunden ist der Juwelier Blümel überfallen und ausgeraubt worden. Ihr Wagen wurde am Tatort in der Innenstadt gesehen. Er hat doch die Nummer L-RS ...?«

»Dass Sie da mal keinen Fehler begehen«, unterbricht der Mann den Hauptkommissar. »Ich bin den ganzen Tag hier nicht weggekommen. Und wenn Ihr Zeuge meine Autonummer erkannt haben will – also, das muss er mir bei diesem Schneetreiben einmal vormachen! Außerdem, woher soll ich denn wissen, wo der Blümel seine Werkstatt hat?«

»Können Sie denn beweisen«, schaltet Hell sich ein, »dass Sie den ganzen Tag in Ihrem Laden verbracht haben?«

»Wie stellen Sie sich das denn vor!« Der Mann lacht höhnisch auf. Doch dann fällt ihm etwas ein. »Ich kann Ihnen aber beweisen, dass mein Auto den ganzen Tag auf dem Parkplatz dort drüben gestanden hat. Kommen Sie!« Thilo Fröschke führt die Beamten über die Straße. Triumphierend zeigt er auf die schneefreie Fläche unter seinem Auto. »Na, was sagen Sie nun?«

Grämlich sagt gar nichts. Er ist schwer beeindruckt.

Hell nickt anerkennend. »Gratuliere, Herr Fröschke, nicht schlecht gemacht.« Er schaut sich das Auto aufmerksam an. »Jedenfalls, was man auf den ersten Blick so sieht. Und dennoch bleibe ich dabei: Sie sind der Mann, den wir suchen.« Der Kommissar öffnet die Tür des Streifenwagens. »Ich denke, wir sollten mal vernünftig miteinander reden.«

Frage: Wie kommt Kommissar Hell zu dieser Behauptung? (1 Punkt)

Der Fenstersturz

Der Abend ist kalt und dunkel. Bis vor wenigen Minuten hat es stark geschneit. Jetzt pfeift ein eisiger Wind um das Hochhaus. Kommissar Hell steht am Fenster. Es ist fast bis zur Hälfte zugeweht, aber sehen kann er sowieso nicht viel. Doch was kümmert ihn heute schon das Wetter. Maximilian Hell ist in Hochstimmung. Linda, Hauptkommissar Grämlichs Nichte, wird gleich kommen.

Hell prüft noch einmal seine Vorbereitungen. Die Kerze auf dem Glastischchen brennt schon, Wein und Cola stehen bereit, eine Schüssel mit Gummibärchen ebenfalls. Der Kommissar schaut auf die Wanduhr. In 20 Minuten erwartet er den Pizzadienst. Bevor Linda klingelt, will er aber noch die Christbaumbeleuchtung einschalten, zum letzten Mal in diesem Jahr. Der Baum nadelt schrecklich. Höchste Zeit ...

Der Kommissar zuckt zusammen. Irgendetwas Großes ist an seinem Fenster vorbeigestürzt. Mein Gott. Das kann doch nur ... Hell wagt gar nicht, weiterzudenken. Er zieht die Gardine beiseite, reißt einen Fensterflügel auf und lauscht. Schnee bricht herein, bedeckt den Heizkörper und weht ins Zimmer. Hell nimmt es kaum wahr. Zitternd beugt er sich aus dem Fenster. Aber bei diesem Wetter kann er keine zwei Stockwerke tief gucken. Und Hell wohnt im 6. Stock.

Der Kommissar löscht hastig die Kerze, stürzt aus der Wohnung und fährt ins Erdgeschoss. Nach wenigen

52

Augenblicken ist er auf der Straße und rennt los. Er weiß genau, wo er suchen muss.

Hell läuft den Gehweg entlang. Und richtig – zwischen zwei Autos erspäht er etwas Dunkles. Sein Herz beginnt zu rasen. Noch zwei Schritte, noch einer, dann steht er davor. Widerstrebend bückt sich der Kommissar – und atmet erleichtert auf. Vor ihm liegt ein Baum. Der Kommissar hat ihn schnell identifiziert. An einigen Zweigen hängt Lametta. Es ist eine Weihnachtsfichte.

Im Fahrstuhl überkommt Hell die kalte Wut. Wer macht nur so etwas? Wenn der Baum nun ein Auto getroffen hätte! Oder, noch schlimmer, einen Passanten!

Der Kommissar muss den Übeltäter finden! Das sollte nicht allzu schwer sein. Da der Baum an seinem Fenster vorbeigeflogen ist, kann nur jemand infrage kommen, der genau über ihm wohnt. Und das sind nicht mehr als vier Mietparteien.

Hell klebt einen Zettel mit einer kurzen Nachricht für Linda an seine Tür. Dann läuft er die Treppe hinauf.

Bei Schimmelpfennigs im siebten Stock klingelt er vergebens. Richtig, die sind über Weihnachten in Urlaub gefahren. Hell kann das nur recht sein. Nun kommen nur noch drei Mieter infrage.

Im achten Stock öffnet ihm Herr Sonnekalb. Hell kennt ihn aus dem Fahrstuhl. »Hey«, sagt Herr Sonnekalb, »super, dass Sie es nicht vergessen haben!«

Der Kommissar ist erst einmal sprachlos. Dann erinnert er sich, dass Andreas Sonnekalb ihn neulich eingeladen hat – »am besten mal nach Weihnachten«.

Hell hebt die Hände. »Sorry, aber heute ist es dienstlich.«

»Trotzdem willkommen«, sagt Herr Sonnekalb und hält die Tür weit auf. Dann ruft er in Richtung Bad: »Ein Nachbar, Liebes, der Herr Hell, du musst dich nicht beeilen.«

Im Wohnzimmer ist es ungewöhnlich kühl und einen Weihnachtsbaum kann Hell auch nicht entdecken. Obwohl, dort in der Ecke könnte er schon gestanden haben.

»Um es kurz zu machen«, sagt der Kommissar, »eben kam an meinem Fenster ein Baum vorbeigerauscht. Ein Weihnachtsbaum. Wenn da unten jemand gestanden hätte!« Er zeigt aus dem Fenster.

»Sie denken doch nicht etwa ...«

»Es gibt noch andere Mieter«, sagt Hell und deutet nach oben. Dann schaut er sich um. »Ja, und wo haben *Sie* Ihren Baum?«

»Den habe ich schon weggebracht, tut mir leid. Am Freitag übrigens. Ich glaube, er hat die Wärme hier nicht vertragen.«

»Die *was*?« Hell schüttelt sich und vergräbt die Hände in den Hosentaschen. Er geht zum Fenster. Der rechte Flügel ist völlig frei von Schnee.

Andreas Sonnekalb lacht. »Wenn ich rauche, dann nur dort. Fragen Sie mal meine Frau. Gerade eben habe ich erst zugemacht.« Und weil er sieht, dass der Kommissar nachdenklich den gefüllten Aschenbecher betrachtet, fügt er hinzu: »Bei mir macht dort absolut nichts die Fliege. Nicht mal eine Kippe.«

»Wenn Sie eben noch am Fenster standen«, sinniert der Kommissar, »warum haben Sie dann eigentlich nicht gesehen ...?«

»Das weiß ich doch nicht«, unterbricht ihn Herr Sonnekalb. Er guckt jetzt ein wenig finster. »Aber es gibt ja noch andere Mieter. Vielleicht können die Ihnen weiterhelfen.«

Das hält auch der Kommissar für möglich. Er verabschiedet sich und steigt eine Treppe höher.

Das Ehepaar Netzel ist sehr überrascht.

»So, so«, sagt Frau Netzel, »bei der Polizei sind Sie also.«

Sie rückt ihre Brille zurecht. »Das sieht man Ihnen aber gar nicht an.«

»Soll man ja auch nicht«, sagt Herr Netzel und stellt den Fernseher leiser, »er ist wahrscheinlich bei der Kripo. Stimmt's?«

»Stimmt.« Hell nickt. »Aber ich will Sie nicht lange stören. Irgendjemand hier oben hat seinen Weihnachtsbaum aus dem Fenster geworfen. Vor wenigen Minuten erst. Das hätte ...«

»Und da kommen Sie ausgerechnet zu uns?«, empört sich Herr Netzel. Er läuft dunkelrot an. Und seine Frau fragt: »Waren Sie schon bei denen hier?« Dabei klopft sie mit einer Fußspitze auf die Dielen. »Denen traue ich alles zu! Wir und unseren Christbaum auf die Straße werfen! Nicht zu fassen! Außerdem, in diesem Jahr hatten wir eine Edeltanne!«

»Und wo haben Sie Ihre ...?«

»Bei uns fliegen die Weihnachtsbäume immer gleich nach den Feiertagen raus«, sagt Herr Netzel. Dann grinst er und deutet auf die schwere Übergardine. »Aber natürlich nicht durchs Fenster.«

»Natürlich nicht«, bestätigt der Kommissar. In diesem Augenblick ertönt die Erkennungsmelodie der »Tagesschau« im Fernsehen. 20 Uhr – jetzt könnte Linda bei ihm klingeln!

Hell sagt schnell »Danke, das war's erst mal«, stürzt aus der Wohnung und rast nach unten. Aber noch auf der Treppe beginnt er zu lächeln.

Erstens, weil Linda vor seiner Wohnungstür steht, und zweitens, weil er sich den Weg in den 10. Stock wohl sparen kann.

Denn der Fall »Fenstersturz« scheint erledigt zu sein.

Frage: Welcher der beiden Familien glaubt Kommissar Hell unterstellen zu können, ihren Weihnachtsbaum aus dem Fenster geworfen zu haben? (2 Punkte)

Verrechnet

Ambrosius Finkenstein ist ein unscheinbarer, aber freundlicher älterer Herr. Fast jeder im Viertel hat schon einmal seinen Kostümverleih am Rossplatz besucht. Natürlich nur am Tage – so, wie es sich gehört!

Es ist 1.30 Uhr. Ein Ford Transit hält in einer Seitenstraße nahe des Rossplatzes. Am Steuer sitzt ein kleiner Mann. Er steigt aus, schaut sich kurz um und wechselt seine Schuhe gegen ein Paar größere. Dann läuft er auf der Straße zum Rossplatz. Es hat erst vor einer halben Stunde zu schneien aufgehört und das ist dem Mann mehr als recht. Es gehört zu seinem Plan.

Kurz vor dem Kostümverleih Finkenstein betritt der Mann den Fußweg. Schnell erreicht er den Laden, schließt die Tür auf und verschwindet im Innern.

Nach vier oder fünf Minuten ist er wieder draußen. Langsam geht der Mann zur Straße und von dort zum Auto zurück. In seinen Armen schwankt ein großer Karton. Er stellt ihn in den Kofferraum, wechselt die Schuhe und setzt sich hinters Steuer. Bevor er den Motor startet, schaut sich der Mann ein weiteres Mal um. Aber niemand scheint seine Aktion bemerkt zu haben. Sie dauerte keine zehn Minuten.

Als das Telefon klingelt, stöhnt Maximilian Hell leise auf. Es ist 1.55 Uhr und der Kommissar hat noch kein Auge zugetan. Dabei liegt er schon seit drei Stunden im

Bett. Aber der Krimi im Fernsehen hat ihn nicht nur Nerven, sondern auch eine Riesentüte Gummibärchen gekostet. Und an dieser »Überraschungsmischung« hat er noch mächtig zu kauen.

Der Kommissar tastet nach dem Hörer. »Wer ist da? Finkenstein? Der Kostümverleiher?« Er fährt im Bett hoch und verspürt Lust, wieder einmal so richtig böse zu werden. Glücklicherweise fällt ihm noch rechtzeitig ein, dass er Finkenstein ja erst vor ein paar Tagen aufgesucht hat. Der Kostümverleiher soll ihm eine Uniform besorgen. Hell will den Polizeifasching als Kriminalrat besuchen – mindestens. Da wird Hauptkommissar Grämlich sich freuen! »Haben Sie eine?«, fragt er hoffnungsvoll und schaltet das Licht an.

Aber Ambrosius Finkenstein ruft aus einem ganz anderen Grund an. In seinen Laden ist eingebrochen worden. »Ich bin so durcheinander, Herr Kommissar!« Finkensteins Stimme vibriert. »Und gerade habe ich Ihre Visitenkarte entdeckt. Ich dürfte jederzeit anrufen, sagten Sie mir, Tag und Nacht.«

Hell verdreht die Augen. Das bezog sich doch nur auf die Uniform! Doch er sagt: »Also gut, ich komme.«

Eine Viertelstunde später trifft Maximilian Hell am Rossplatz ein.

Ambrosius Finkenstein empfängt den Kommissar schon weit vor seinem Laden. »Vorsicht«, sagt er aufgeregt, »hier ist alles voller Spuren. Ich habe mir deshalb erlaubt, den Tatort ein wenig abzusperren.« Der kleine Mann zeigt auf zwei rot-weiße Bänder. Sie liegen im

Schnee und ziehen sich von der Straße bis zum Eingang des Kostümverleihs hin.

Hell schaltet seine Taschenlampe ein. Sein Herz macht einen Sprung. So schöne Täterspuren hat er noch nie gesehen! »Gibt es einen zweiten Eingang?«, fragt er den kleinen Mann und ruft über sein Handy die Spurensicherung. »Ich möchte nicht ...«

Finkenstein deutet auf eine Toreinfahrt. »Die Tür zum Lager, wenn's recht ist.«

Gleich darauf stehen sie im Kostümverleih. Anzüge drängeln sich neben Ballkleidern, Fantasiekostüme übertrumpfen Uniformen. »Ich habe uns einen Tee gemacht«, sagt Ambrosius Finkenstein. Er lächelt entschuldigend. »Da ich Ihnen doch die halbe Nacht gestohlen habe!«

»Sagen Sie mir lieber, was man Ihnen gestohlen hat.«

Finkensteins Gesicht verfinstert sich schlagartig. »Es ist eine Katastrophe.« Er führt den Kommissar in sein altmodisch eingerichtetes Büro. »Hier, auf dieser Kommode, stand mein Tresor. Schon über 30 Jahre. Ich habe ihn von einem Großonkel geerbt. Nun ist er weg.«

Viel kann da nicht drin gewesen sein, denkt Hell. So gut dürfte der Laden hier nicht laufen. »Und, was befand sich in dem Tresor?«

Finkenstein lässt sich in einen abgewetzten Ledersessel fallen. »Alles, was mir lieb und teuer ist.«

»Teuer?«

»Das dürfen Sie ruhig wörtlich nehmen, Herr Kommissar.« Dann zählt er auf: »Eine goldene Sprungdeckeluhr, ebenfalls von meinem Großonkel. Meine

Briefmarkensammlung ›Orientalische Fehldrucke 1899 bis 1938‹. Eine Bibel von 1624. Ein Album mit Lochmünzen aus dem alten China. Die Ringe meiner ...«

»Machen Sie mir am besten eine Liste«, unterbricht ihn Hell. »Die werden Sie auch für die Versicherung brauchen.« Er überlegt einen Augenblick. »Und Geld? Hatten Sie auch Bargeld im Tresor?«

Finkenstein nickt betrübt. »Über 20 000 Euro. Wirklich, es ist eine Katastrophe.«

»Lassen Sie uns nur erst mal machen«, sagt der Kommissar beschwichtigend und schielt zu den Uniformen hinüber. Vielleicht ist seine ja schon dabei? Am liebsten würde er gleich einmal nachsehen. Aber vorher muss der Mann dort im Sessel noch zwei Fragen beantworten. »Was glauben Sie, Herr Finkenstein, wie schwer ist Ihr Tresor? So ungefähr.« Er nippt an seinem Tee. »Und wer hat Sie eigentlich benachrichtigt? Ich meine, irgendjemand muss Ihnen doch ...«

Ambrosius Finkenstein hebt die schmalen Schultern. »Wenn ich das wüsste. Es war ein anonymer Anruf. Eine Frau hatte zufällig gesehen, wie gegen 1.30 Uhr ein Mann aus meinem Laden kam. Mit irgendetwas sehr Schwerem im Arm. Ja, und da bin ich gleich hierhergekommen.«

Hell wartet noch einige Sekunden. »Und die andere Frage?«

»Ach so, entschuldigen Sie.« Ambrosius Finkenstein lächelt fein. »Ja, der Tresor. Ich denke, er hat so seine dreißig, vielleicht auch fünfunddreißig Kilo. Den würd ich keine fünf Meter schleppen können.«

Der Kommissar nickt. »Dazu braucht man Kraft. Und die Schuhspuren lassen ja auch auf einen großen, sicher sehr kräftigen Mann schließen.« Er schaut auf seine Uhr. »So, Herr Finkenstein, Schluss für heute. Wir warten jetzt noch auf die Spurensicherung und dann geht's ab ins Bett. Wenn ich mir in der Zwischenzeit noch einmal Ihre Kostüme ...«

Ambrosius Finkenstein nickt. »Mit Vergnügen. Übrigens, dort in der Ecke finden Sie Ihre Bestellung. Sie ist heute eingetroffen. Aber leider«, der Mann zwinkert Hell zu, »musste ich Sie zum Kriminaldirektor befördern.«

Es ist kurz vor Mittag. Kommissar Hell sitzt an seinem Schreibtisch und denkt nach. Vor ihm liegen Fotos von sechs oder sieben Abdrücken ein und derselben Schuhspur. Hauptmeister Pick hat sie in der Nacht vor Finkensteins Laden angefertigt. Drei der Abdrücke führen zum Eingang des Kostümverleihs hin, die anderen von ihm weg. Wie Pick ermittelte, trug der Täter Schuhe der Größe 45. Um Rückschlüsse auf sein Körpergewicht ziehen zu können, hatte der Kriminaltechniker ausgemessen, wie tief sich die Abdrücke in die gleichmäßig dichte Schneedecke gegraben hatten; es waren bei allen sieben Spuren zweieinhalb Zentimeter.

Was soll ich bloß mit diesen Zahlen, murmelt Hell und seufzt. Er ist noch immer müde und der Gedanke an Gummibärchen lässt ihn schaudern. Ratlos starrt der Kommissar auf die Fotos. Irgendetwas stimmt hier nicht! Wenn er nur wüsste, was! Mechanisch geht Hell noch einmal die nächtlichen Ereignisse durch. Plötzlich springt er auf, steigt in seinen Wagen und fährt zum Rossplatz.

Ambrosius Finkenstein hockt in seinem Büro. »Ah, der Herr Kriminaldirektor«, sagt er und lächelt, »Sie möchten wohl Ihre Uniform abholen?«

Hell schüttelt den Kopf. »Eigentlich hatte ich mehr an Sie gedacht!«

Frage: Weshalb kam Kommissar Hell plötzlich auf die Idee, Ambrosius Finkenstein könnte in den Diebstahl verwickelt sein? (2 Punkte)

Gefilmt

Es ist schon weit nach Mitternacht. Ronny Maluche sitzt am Steuer seines schwarzen BMW und gähnt. In fünf Stunden muss er schon wieder aufstehen. Und bis zu seinem Bett sind es noch mindestens acht Kilometer.

Neben Ronny Maluche sitzt seine Freundin. Kathleen Knapp dreht genervt am Autoradio. »Hey, schlaf jetzt bloß nicht ein«, sagt sie zu Ronny. »Fahr lieber ein bisschen schneller, wenn ich bitten darf!«

Aber da haben sie schon die Stadtgrenze erreicht. Ronny Maluche nimmt den Fuß vom Gaspedal. Irgendwo in dieser Gegend ist er einmal geblitzt worden.

»Nicht langsamer, schneller habe ich gesagt«, mault Kathleen. In gut fünf Stunden ist auch für sie die Nacht vorbei. »Du fährst heute mal wieder wie eine Schnecke.«

Ronny Maluche guckt auf den Tacho. Noch immer fast 90 Stundenkilometer. Und das in der Stadt. Langsam tastet er nach dem Bremspedal.

Da zerreißt ein kleiner, rötlicher Blitz die Dunkelheit.

Ronny Maluche zuckt zusammen. »Mist, verdammter!« Der junge Mann mit den raspelkurzen Haaren begreift sofort, was geschehen ist.

Ein Starenkasten hat ihn geblitzt. Nun ist er für immer und ewig auf dem blöden Film dort hinten. Eine Katastrophe für sein Verkehrssünderkonto in Flensburg bahnt sich an.

Für immer und ewig? Ronny Maluche stoppt und

schaut sich um. Die Straße ist leer. Entschlossen legt er den Rückwärtsgang ein. Sekunden später hat er den Starenkasten erreicht.

»Hey, Ronny, was soll denn das werden?«, wundert sich Kathleen.

»Quatsch mich jetzt nicht länger zu. Du siehst ja, was uns das eingebracht hat.« Der junge Mann zieht die Handbremse, steigt aus und flitzt zum Kofferraum. Dann steht er vor dem Blitzgerät. In seiner Hand hält er einen Hammer. Rasend vor Wut schlägt Ronny Maluche auf den Starenkasten ein. Er hört erst wieder auf, als in zwei oder drei der umliegenden Häuser das Licht angeht.

Eigentlich wollte Maximilian Hell diesen Vormittag im Revier verbringen. Er muss noch ein Protokoll schreiben, nach einer verloren gegangenen Akte fahnden und mit Münzner über den nächsten Wochenenddienst streiten. Alles Dinge, die man plötzlich gern macht, wenn draußen ein eisiger Wind durch die Straßen fegt.

Aber der unbekannte Blitzkastenzerstörer hat es anders gewollt.

»Diesmal müssen wir ihn unbedingt fassen«, hatte Hauptkommissar Grämlich zu Dienstbeginn gefordert, »und das geht nicht ohne Zeugen. Eine Dame hat sich schon gemeldet. Kollege Hell wird mit ihr sprechen.«

Nun sitzt der Kommissar im gemütlichen Wohnzimmer von Frau Mackensen und trinkt grünen Tee. Die alte Dame weiß ihr Glück durchaus zu schätzen. »Schon siebenmal, wissen Sie, ist die Anlage hier unten zerstört worden«, erzählt sie, »und jedes Mal bekam ich danach Besuch.« Sie öffnet eine Dose mit Plätzchen. »Greifen Sie zu, Herr Kommissar, ich habe noch reichlich.« Die alte Dame schaut ihn freundlich an. »Oder soll ich Ihnen lieber ein paar Gummibärchen holen? Ich weiß doch, was die jungen Leute heute mögen.«

Der Kommissar ertappt sich bei einem hastigen Nicken. Eigentlich ist es doch gar nicht so schlecht, dass er heute das Revier verlassen musste.

Nach der zweiten Tasse Tee führt Frau Mackensen ihren Gast ins Schlafzimmer. »Von hier aus habe ich es gesehen«, sagt sie und zeigt zum Fenster. Hell schaut hinaus. Der Starenkasten ist verschwunden. Hauptmeister Pick von der Spurensicherung und seine Leute werden ihn schon abgeholt haben.

»Und was genau haben Sie gesehen?«, fragt Hell.

»Na, wie der Mann dort herumgesprungen ist und auf die Anlage eingeschlagen hat. Ich riss gleich das Fenster auf, trotz der eisigen Kälte, und machte das Licht an. Das hat er wohl bemerkt. Da ist er in seinem Auto verschwunden und dann sind sie losgefahren.«

»Sie? War der Mann nicht allein?«

»Nein, da saß doch noch jemand drin. Ein Mädchen, glaube ich.«

»Na bitte«, sagt der Kommissar und entdeckt in der Fensterecke ein Opernglas. »Nun brauche ich bloß noch die Autonummer.«

»Da muss ich Sie enttäuschen, Herr Kommissar!«

»Obwohl Sie das Fenster geöffnet und ...«

»Ich konnte das Auto doch nur von der Seite sehen.«

Frau Mackensen überlegt einen Augenblick. »Aber warten Sie, dort drüben, sehen Sie, im ersten Stock, da ging auch das Licht an. Von dort müsste die Autonummer auf jeden Fall zu erkennen gewesen sein.«

Der Kommissar verliert keine Zeit. Er bedankt sich bei Frau Mackensen, greift noch einmal tief in die Tüte mit den Gummibärchen und geht.

In der Wohnung auf der anderen Straßenseite öffnet ihm ein korpulenter Mann. Er ist vielleicht fünfundvierzig Jahre alt. »Ich weiß schon, was Sie wollen«, sagt Herr Zachhuber und studiert Hells Dienstausweis sehr aufmerksam. »Aber den Weg hätten Sie sich sparen können. Wir haben nämlich geschlafen. Solcher Kram kümmert uns eigentlich weniger.«

»Und das Licht in Ihrer Wohnung?«

»Was denn für Licht?« Herr Zachhuber wird unruhig. Dann besinnt er sich: »Ach so, das Licht. Natürlich bin ich aufgewacht, bei dem Krach da draußen. Aber sehen konnte ich nichts. Die Blumen, wissen Sie ...«

Der Kommissar zeigt auf Herrn Zachhubers Schlafzimmer. »Dabei haben Sie einen so schönen Blick auf die Straße! Ich darf doch mal?« Hell macht einen Schritt ins Schlafzimmer. Das Fenster ist mit Blumentöpfen zugestellt. »Na, die sind aber schnell beiseitegeräumt.«

»Ich meine doch die Eisblumen an der Scheibe. Wir schlafen nämlich immer sehr kalt. Ich wollte mir ein Guckloch freikratzen, aber von innen geht das ja nicht.« Herr Zachhuber zeigt auf die Pflanzen. »Dann habe ich die Töpfe doch weggeräumt. Als ich das Fenster endlich auf hatte, waren die beiden aber schon so gut wie

verschwunden. Ich konnte bloß noch die Rücklichter des Wagens sehen.«

»Schade, dass Sie uns nicht helfen können«, sagt der Kommissar. »Dabei ...« Sein Handy klingelt. Hell meldet sich, lauscht kurz, sagt noch kürzer »Danke« und verstaut das Telefon wieder in seiner Jacke. »Dabei waren Ihre Lügengeschichten eigentlich ganz interessant. Nur genützt haben Sie Ihnen nichts.« Er deutet aus dem Fenster. »Und Ihrem Bekannten, oder wen auch immer Sie decken wollten, auch nicht. Den Film im Starenkasten hat er nämlich nicht zerstören können. Nun wird er jede Menge Ärger bekommen.« Der Kommissar guckt den Mann nachdenklich an. »Sie leider auch. Na ja, ein bisschen jedenfalls.«

Frage: Welche beiden Aussagen entlarven Herrn Zachhuber als Lügner? (2 Punkte)

Ein sonniger Frühlingstag

Dieser Sonnabendnachmittag gehört ins Bilderbuch. Das erste Mal seit Wochen strahlt wieder die Sonne und in den Straßen und Gassen drängen sich die Menschen.

Auch Maximilian Hell hat sich in das Gewimmel gestürzt. Das ist beinahe wörtlich zu nehmen, denn der Kommissar rollt auf seinen Inlineskates – und das auf äußerst wackligen Beinen! Gemeinsam mit Philipp will er testen, ob ihre Fahrkünste den langen Winter gut überstanden haben. Philipp ist toll in Form. Der Kommissar kann da nur staunen.

»Vielleicht«, sagt er zu Philipp, »hätte ich mich doch erst einmal einrollen sollen. Am Zentralstadion ...«

»... da sind doch nur Babys! Hier ist es echt cool!«

»Für Leute in deinem Alter vielleicht«, sagt Hell und sehnt das Ende des schmalen Klostergässchens herbei. »Als ich dreizehn war, hab ich so was auch mit links gemacht.« Manchmal, wenn sich noch ein Auto durch die Menschenmassen schiebt, wird es richtig ungemütlich. Wie jetzt. »Esel«, schimpft der Kommissar einem schwarzen Golf hinterher. »Muss der ausgerechnet ...«

In diesem Augenblick hört er einen Schrei. Hell stoppt und versucht zu erkennen, was da vorne passiert ist. Ein paar Meter weiter, knapp hinter dem schwarzen Wagen, steht ein Mann und hält sich gequält den Fuß. Der Kommissar rollt zu ihm hin.

»Sauhund, verdammter«, schimpft der Mann, »der ist

mir doch glatt über den Fuß gefahren. Und jetzt haut er auch noch ab!« Der Mann stöhnt.

Hell reckt sich, um die Autonummer zu erkennen. Aber er hat keine Chance. Zu viele Leute versperren ihm die Sicht. Wenn ich besser in Form wäre, denkt er, würde ich ihn noch kriegen. Aber so!

Der Kommissar schaut sich Hilfe suchend um. Da kommt Philipp angekurvt. »Na, endlich«, sagt Hell, »nun zeig mal, was du wirklich draufhast.«

»Wenn es um die Autonummer geht«, Phil grinst und klopft an seinen Kopf, »die ist hier drin! Und gesehen habe ich ihn auch!«

»Den Fahrer?«

»Den Beifahrer. Er hat graue Haare und eine Brille.«

Hell hebt anerkennend den Daumen. Dann ruft er über sein Handy den Notarzt und anschließend einen diensthabenden Kollegen an. Es ist Oberkommissar Münzner. Hell bittet ihn festzustellen, wem der schwarze Golf gehört. Münzner ist irritiert. »Ich denke, Sie haben heute frei?«

»Das dachte ich auch«, sagt Hell, aber es klingt kein bisschen traurig. Und schon bald weiß er, dass der Wagen auf eine Firma zugelassen ist. Münzner nennt ihm die Adresse.

Eine gute Stunde später erreicht Hell mit Phil auf dem Beifahrersitz die »Unitech GmbH«. Das Wetter ist, wie so oft im April, plötzlich umgeschlagen. Ein kalter Wind weht und dunkle Wolken lassen keinen Sonnenstrahl mehr hindurch. Wie schon an den Tagen zuvor.

Während Phil im Wagen wartet, meldet sich der Kommissar über die Gegensprechanlage. Er hat Glück. Die Chefin ist im Hause!

»Ja«, sagt Frau Funkel, als Hell das kleine Büro betritt und sich über so viel Fleiß wundert, »der Sonnabend ist mein Lieblingstag. Da sitze ich bis abends hier und arbeite ungestört die ganzen Probleme der Woche auf. Hoffentlich«, die Frau lacht, »habe ich jetzt nicht wieder eins dazubekommen!«

Der Kommissar lässt sich in den Besuchersessel sinken. »Das wird sich gleich herausstellen«, sagt er und fragt: »Aber mal ehrlich, ist das nicht ein bisschen unheimlich, so ganz alleine hier?«

Die Frau schüttelt den Kopf. »Warum denn? Hier kommt nur herein, wer sich bei mir meldet. Sie haben es ja eben erlebt. Das betrifft übrigens auch meine Mitarbeiter.«

»Na gut«, sagt Hell, »jetzt aber zur Sache. Auf Ihre Firma ist ein Golf mit dem Kennzeichen L-GC 1207 zugelassen?«

»Ja, richtig. Was ist mit ihm?«

»Es geht um einen Unfall. In diesem Zusammenhang interessiert mich, wer von Ihren Mitarbeitern Zugriff auf den Wagen hat.«

Frau Funkel überlegt nicht lange. »Na, alle achtundvierzig. Jeder kann den Wagen benutzen, wann immer das nötig ist. Natürlich nur dienstlich.«

»Und an den Wochenenden?«

»Das ist unterschiedlich. Manchmal hat jemand noch etwas Dringendes zu erledigen.«

»Und«, fragt der Kommissar, »war heute so ein Tag?«

Frau Funkel überlegt jetzt etwas länger. »Also, ich glaube nicht. Das wüsste ich dann ja wohl.« Sie guckt erschrocken. »War der Unfall etwa heute? Was ist denn eigentlich passiert?«

»In der Stadt ist vor ungefähr anderthalb Stunden ein Mann verletzt worden. Von jemandem, der mit Ihrem Golf unterwegs war.«

»Das ist doch nicht möglich! Der Wagen steht seit gestern Nachmittag unten auf dem Hof.«

»Es gibt Zeugen«, sagt der Kommissar knapp und fragt: »Wo bewahren Sie eigentlich die Zündschlüssel auf?«

»Nebenan, in meinem Vorzimmer. Da ist ein Haken. Jeder weiß das.«

»Und Sie? Benutzen Sie den Golf manchmal auch?«

»Ich bitte Sie!« Frau Funkel nimmt ihre Brille ab. »Wo denken Sie hin? Ich fahre einen BMW!«

»Ah, ja«, sagt der Kommissar und kämpft sich aus dem Besuchersessel. »Dann möchte ich mir den Wagen gern einmal anschauen.«

»Natürlich.« Frau Funkel scheint erleichtert. »Ich weiß zwar nicht, wo Sie an dem Wagen Unfallspuren entdecken wollen. Aber überzeugen Sie sich selbst.« Sie geht voran. »Das kann doch alles nur ein Irrtum sein. Schwarze Golfs gibt es schließlich viele.«

Der Kommissar nickt. »Aber nicht mit dieser Nummer!«

Zwei Minuten später erreichen sie den Hof. Bedächtig umkreist Hell das Auto. »Wenn also keiner Ihrer

Mitarbeiter den Wagen benutzt hat«, sinniert er, »dann können nur Sie selbst es gewesen sein. Denn gefahren worden ist das Auto heute. Das wird teuer, Frau Funkel, wegen der Fahrerflucht!« Und als die Frau ihn entsetzt anguckt, fügt er hinzu: »Bitte verändern Sie nichts an dem Wagen. Ich hole nur meine Kamera.«

Auf der Straße kommt ihm Philipp aufgeregt entgegengelaufen: »Ich hab ihn. Dort ist er.« Phil zeigt auf einen Mann vor dem Gebäude der »Unitech«. Er drückt gerade den Klingelknopf.

»Wer soll denn das sein?«

»Na, der Beifahrer! Der mit den grauen ...«

Hell hebt abermals den Daumen. »Das passt ja«, sagt er und zaubert ein Päckchen Gummibärchen aus der Tasche. »Ich habe nämlich die dazugehörende Fahrerin. Dort steht sie.«

Frage: Woran hat Kommissar Hell bemerkt, dass der Golf an diesem Nachmittag mit großer Wahrscheinlichkeit gefahren worden ist? (1 Punkt)

Urlaubsfreuden

An diesem Freitagnachmittag überrascht Maximilian Hell seine Kollegen mit einem mächtigen Kuchentablett. Oberkommissar Münzner nickt beifällig und eilt an die Kaffeemaschine. Grämlich guckt besorgt. In fünf Minuten ist Feierabend. Wie soll er bis dahin nur seinen Anteil verputzt haben?

Hell kann das egal sein. Denn in genau fünf Minuten beginnt sein Urlaub.

53 Stunden später steht er unter der Dusche und seift sich ein. Es ist Sonntagabend. Ein aufregender Tag liegt hinter ihm. Hell hat ihn beim *Blade Day* in Berlin verbracht, der größten und sensationellsten Veranstaltung für Skater. Leider findet sie nur einmal im Jahr statt. Noch am Abend ist der Kommissar auf einen Campingplatz an die Ostsee weitergereist, wo er ein paar Freunde treffen will.

Hell spült sich das Duschgel von der Haut. In der Kabine gegenüber toben Kinder und irgendwo hustet jemand erbärmlich trocken. Es klingt wie Hundegebell. Der Kommissar dreht den Wasserhahn zu und greift nach dem Handtuch. Er hat es mit seinen anderen Sachen über die Kabinentür gehängt. Das macht er immer so. Doch der Kommissar greift ins Leere.

Vielleicht ist es heruntergefallen, überlegt Hell und öffnet die Tür. Aber auf dem Gang herrscht gähnende Leere und in den anderen Duschkabinen ebenfalls. Nur gegenüber toben noch immer die Kinder. Nass und verzweifelt läuft Hell in den anschließenden Waschraum. Aber auch hier ist niemand. Bis auf den Mann, der ihn aus einem Spiegel anstarrt – der nackte Maximilian Hell. Entsetzt flüchtet er in die nächstgelegene Kabine.

Der Kommissar hat jetzt zwei Probleme. Zum einen ist er nicht nur Handtuch und Badehose, sondern auch sein neues T-Shirt los. Er hat es aus Berlin mitgebracht. Es zeigt zwei Skater vor dem Fernsehturm und trägt die Aufschrift »*Blade Day, Berlin 2000*«. Es wurde nur heute verkauft. Dieses schöne Andenken ist nun weg. Da tröstet ihn auch nicht, dass er sich das Shirt am Rücken leicht eingerissen hatte.

Noch mehr beschäftigt den Kommissar allerdings, wie er ungesehen in sein Zelt gelangen kann. Soll er kriechen oder sprinten, sich durch dunkle Ecken tasten, Haken schlagen oder um Hilfe rufen? Schlimm, aber Hell fällt nichts ein. Und so trommelt der nackte Kommissar schließlich an die Kabine mit den tobenden Kindern und bittet um ein Handtuch. Tatsächlich, es klappt! Kurz darauf liegt er in seinem Iglu und schläft.

Am Morgen, nach dem Frühstück in der Campinggaststätte, spaziert Hell über den Platz. Vielleicht sind seine Freunde ja schon eingetroffen. Der Kommissar hat beste Laune. Über sein Abenteuer in der Dusche kann er jetzt nur noch lachen – obwohl der Verlust des T-Shirts ihn ziemlich schmerzt.

Hell hat das Ende des Hauptweges erreicht, als er ein kurzes, trockenes Husten vernimmt. Es hört sich an wie Hundegebell. »Nie wieder Gummibärchen, wenn ich

das nicht kenne!«, murmelt Hell und schaut sich um. Der Husten kommt aus einem kleinen Wohnwagen. Er hat ein heimisches Kennzeichen und scheint seit Ewigkeiten hier zu stehen.

»Ist schon viel besser geworden«, knarzt da ein Mann. Er tritt aus dem Wohnwagen und klopft an seine Brust. »Hättest mich mal früher hören sollen!«

»Ja, die Luft hier«, sagt der Kommissar und atmet tief durch.

»Eben erst angekommen?«, vermutet der Hustenmann. Aber er erwartet keine Antwort. »Dann hock dich mal her!« Und schon hat er zwei Dosen Bier in der Hand.

Bier am Morgen, gruselt sich Hell. »Okay«, sagt er, »aber nur die eine.« Vielleicht zahlt sich sein Opfer ja aus.

Bevor sie sich an den klapprigen Tisch setzen, bittet der Kommissar, mal einen schnellen Blick in den Wohnwagen werfen zu dürfen. »Wissen Sie, ich hab ja nur ein Zelt, so ein Wagen, das ist doch was ganz anderes!«

Der Hustenmann reißt seine Dose auf. »Lass dir Zeit!«

Aber die braucht der Kommissar nun wirklich nicht. Denn schon nach wenigen Sekunden sieht er es – sein T-Shirt. Oder ist es doch nicht seines? Jedenfalls liegt dort in der Ecke ein *Blade Day, Berlin 2000*-Shirt. Hell unterdrückt seine Überraschung. »Auch ein Skater?«, fragt er beiläufig und schaut aus dem Fenster.

»Bei meiner Lunge?«, sagt der Mann und hustet gleich noch einmal. »Wieso fragst du?«

Hell zeigt auf das T-Shirt. »Ich dachte nur, weil hier so ein *Blade Day*-Shirt liegt.«

Der Hustenmann überlegt einen Augenblick. »Ach das«, sagt er dann, »das hat mir ein Kumpel geschenkt, vor drei oder vier Wochen.«

»Bis gestern Abend«, knurrt Hell, »hatte ich das gleiche. Jetzt ist es weg. Geklaut. Im Sanitärtrakt.«

Der Mann hustet schon wieder. »So was schleppt man ja auch nicht zum Duschen mit. Badehose reicht doch.«

»Danke für den Ratschlag. Kommt leider nur ein bisschen spät.« Hell schaut dem Hustenmann fest in die Augen. »Oder doch nicht?«

»Kapier ich nicht!«

Der Kommissar zeigt auf das T-Shirt. »Wenn es stimmt, dass sich links hinten ein kleiner Riss befindet, bekomme ich es dann wieder? Und das Handtuch und die Badehose natürlich auch.«

Fragen: 1. Weshalb ist sich Kommissar Hell so sicher, dass das T-Shirt in dem Wohnwagen ihm gehört? (1 Punkt)
2. Womit hat sich der Hustenmann verraten? (1 Punkt)

Der Ausbruch

Harry Zahn atmet tief durch. Er ist wieder draußen! Nach drei Jahren, sieben Monaten und neun Tagen! Noch einmal so lange hätte er sitzen müssen, mindestens. Das wäre die Quittung gewesen für wiederholten schweren Raub, Körperverletzung, Diebstahl und Fahren ohne Fahrerlaubnis. Aber »Lore«, wie sie ihn im Gefängnis wegen eines Tattoos auf der Brust nannten, ist die Flucht gelungen. Bis jetzt jedenfalls.

Nun hockt er in einem Abbruchhaus und keucht. Die zwanzig Minuten vom Knast bis hierher haben Spuren hinterlassen. Sein Herz rast, das Hemd klebt am Körper und Schweiß rinnt ihm über das Gesicht. In der Nähe jaulen Polizeisirenen.

Ich muss hier weg, denkt Lore, und zwar sofort. Vorsichtig späht er durch ein zerbrochenes Fenster auf die Straße. Es scheint eine Ausfallstraße zu sein. Auf der anderen Seite, keine 100 Meter von seinem Versteck entfernt, weitet sie sich zu einem kleinen Platz. Ein Zeitungskiosk steht dort, zwei Imbissbuden und ein Fernlaster. Der Fahrer steigt gerade wieder ein und fährt davon.

Das ist es, weiß Lore. Entschlossen schaut er sich um, entdeckt ein kurzes Eisenrohr und verstaut es in seiner Hosentasche. Dann wischt er sich den Schweiß aus dem Gesicht, holt tief Luft und geht zur Tür.

Bevor Lore das Haus verlässt, beobachtet er noch einmal unruhig die Straße. Aber in dieser Gegend sind mehr Autos als Menschen unterwegs. Streifenwagen sieht er keine. Dafür stoppt gerade ein Betonmischer am Imbiss-platz. Der Fahrer springt heraus und holt sich einen Kaffee. Dann geht er zu einem der runden Steh-tische. Lore läuft los. Kurz darauf steht er vor dem gewaltigen Fahrzeug. Der Motor läuft noch. Behäbig rotiert die Trommel.

Lore klettert ins Fahrerhaus. Fünf oder sechs Minuten vergehen. Ein Blaulichtwagen rast vorüber, dann ein zweiter. Lore schielt aus dem Fenster. Verdammt, wo ...? Da fliegt auch schon die Tür auf.

Der Fahrer braucht ein paar Sekunden, ehe er begreift, was passiert ist. »Ab jetzt führe ich hier das Kom-mando!«, knurrt Lore ihn an. Dabei richtet er den Lauf seiner »Pistole« auf ihn. Lore hat sie unter seinem Hemd versteckt.

»Großes Ehrenwort«, sagt Maximilian Hell, »den Film habe ich wirklich noch nicht gesehen.« Der Kommissar lümmelt an seinem Schreibtisch und telefoniert. Dabei setzt er Gummibärchen zu Buchstaben zusammen. Wer lesen kann, liest: LINDA.

Natürlich kann Hauptkommissar Grämlich lesen. Ganz plötzlich steht er hinter seinem Mitarbeiter. Gräm-lich hört, wie Hell noch sagt:

»Bis heute Abend also. Und drück mir die Daumen, dass mich der Alte nicht wieder mit einem neuen Fall ...«

»Schon geschehen«, sagt da Grämlich und Hell legt vor Schreck den Hörer daneben. Staunend schaut er zu, wie sein Chef die Gummibärchen umgruppiert. Dann liest er: LORE. »Es tut mir leid«, sagt Grämlich und lächelt doch tatsächlich, »aber erst einmal müssen Sie sich mit ihm treffen.«

Hell fegt die Gummibärchen zusammen. »Lore? Ihm?« Dann steckt er sie auf einmal in den Mund und fragt: »Und wo finde ich Lore?«

Der Betonmischer ist noch keine drei Minuten wieder unterwegs.

Lores Blicke pendeln zwischen Straße und Fahrer. Seine rechte Hand steckt nach wie vor im Hemd.

»Immer schön mitschwimmen«, befiehlt er dem Fahrer und zeigt auf die Autos, »dann bleibst du auch gesund.«

Der Fahrer nickt. Er trägt eine Baseballkappe und ein T-Shirt. Seine Oberarme sind sehr muskulös.

»Und keine Heldentaten, bitte«, fügt Lore hinzu.

Die Autos vor ihnen werden langsamer. Eine Baustelle, eine scharfe Rechtskurve, und plötzlich zucken Blaulichter.

»Eine Straßensperre«, sagt der Fahrer und geht vom Gas. Er scheint erleichtert zu sein.

Lore guckt in den Spiegel. Aber ein Wenden ist sinnlos. Und wenn sie nun in eine Seitenstraße ...? Lore flucht. Hier draußen gibt es keine mehr.

Nun steht die Fahrzeugschlange. Zum Kontrollpunkt sind es noch siebzig oder achtzig Meter.

Lore lässt sich in den Fußraum gleiten. »Ich wiederhole mich nur ungern«, zischt er, »keine Heldentaten! Und mach alles, was die sagen, okay?«

Der Fahrer nickt abermals. Dann kurbelt er die Seitenscheibe herunter. Draußen läuft ein Polizist vorüber. Er hat ein Megafon in der Hand und ruft: »Stellen Sie Ihren Motor ab. Bitte, die Motoren aus!«

Der Fahrer will etwas sagen. Da boxt ihm Lore heftig in die Seite: »Den Motor aus, du Idiot, aber plötzlich! Und jetzt will ich keinen Pieps mehr von dir hören!«

Der Fahrer beißt sich auf die Lippen.

Kommissar Hell steht am Kontrollpunkt. Vor seiner Brust baumelt ein Fernglas. Manchmal nimmt er es hoch. Dann beobachten seine geschulten Augen die ankommenden Fahrzeuge. Eines von ihnen könnte sich Lore geschnappt haben. Aber welches? Die schwarze E-Klasse vielleicht, das gelbe Taxi, den klapprigen VW oder den Betonmischer mit der rot-weiß lackierten, langsam rotierenden Trommel? Falls er überhaupt diesen Weg genommen hat.

Hell seufzt. Sollte ihm Lore tatsächlich den Abend mit Linda vermasseln?

Der Kommissar überprüft ein paar Fahrzeuge. Dann schlendert er die Straße hinunter. »Was ist denn los?«, fragt ihn ein Autofahrer. »Ihr sucht wohl wieder mal einen Knacki?«

Hell nickt. Ein paar Meter weiter steht der Kollege mit dem Megafon. Er hat gerade seine Durchsage gemacht. Und da ist ja schon die schwarze E-Klasse. Und

85

dahinter, natürlich, der Betonmischer mit der rot-weiß lackierten Trommel. Sie dreht sich nun nicht mehr.

Der Kommissar wühlt in seinen Taschen. Statt Lore würde er jetzt noch lieber ein Gummibärchen finden. Aber der LINDA-Schriftzug auf seinem Schreibtisch hat ihn völlig ausgeplündert. Schade!

Dafür hat er plötzlich eine bärenstarke Idee. Natürlich, das kann nicht anders sein! Hell winkt zwei uniformierten Kollegen. »Schaut euch mal den Betonmischer dort an. Gründlich, meine ich. Aber seid vorsichtig. Ich bin mir sicher: Mit dem stimmt was nicht.«

Frage: Was ist Kommissar Hell an dem Betonmischer aufgefallen? (2 Punkte)

Falscher Verdacht

»In eine feine Gegend hat es Sie gezogen, das muss ich schon sagen«, knurrt Hauptkommissar Grämlich und legt einen Zettel auf Hells Schreibtisch. »Würden Sie das bitte erledigen? Und zwar noch heute, wenn es geht!«

Hell schaltet seinen Computer aus und liest: »Anzeige wegen Einbruchs. Eingegangen von Kerstin Kliemig, Am Park 15.« Er staunt: »Da wohne ich doch!«

»Eben.« Hauptkommissar Grämlich schüttelt den Kopf. »Vielleicht sollten wir bei Ihnen eine Außenstelle einrichten.«

»Coole Idee«, sagt Hell und packt seinen Rucksack. »Von Heimarbeit habe ich schon immer geträumt.«

Zwanzig Minuten später klingelt der Kommissar bei Kerstin Kliemig. Eine Frau mittleren Alters öffnet. Hell hat sie noch nie gesehen. »Großes Kompliment«, sagt die Frau, »das ging aber wirklich schnell!«

»Und dabei soll es auch bleiben.« Der Kommissar schaut auf seine Uhr. In einer halben Stunde beginnt die Wiederholung des Fußballspiels von gestern Abend. Vielleicht schafft er es ja bis dahin. »In einer halben Stunde habe ich den nächsten Termin.«

Die Frau lächelt. »Wenn Sie ihn bis dahin finden!«

»Wieso ›ihn‹?«, fragt der Kommissar. »Woher wollen Sie wissen, dass ...?«

Aber die Frau zeigt schon auf die Tür gegenüber. »Da ist es!«

Hell kramt seine Gummihandschuhe aus dem Rucksack. »Ist das auch Ihre Wohnung?«

»Wie kommen Sie denn darauf?« Die Frau ist erstaunt. »Dort wohnt Frau Brause. Steht ja auch dran! Ihretwegen habe ich doch angerufen!«

»Ach so.« Der Kommissar drückt gegen die Tür. Aber sie ist verschlossen. »Ich denke, hier ist eingebrochen worden! Und wo steckt denn eigentlich Frau Brause?«

Die Frau zuckt mit den Schultern. »Irgendwo in Rom. Sie hat ein paar Tage Urlaub. Aber Sonnabend wollte sie wieder zurück sein.« Sie reicht dem Kommissar den Wohnungsschlüssel.

»Morgen also.« Hell schließt auf. »Ja, Frau Kliemig, was ist nun eigentlich passiert?«

»Wenn ich das wüsste! Als ich heute Früh Katharinas, ich meine, Frau Brauses Blumen gießen wollte, war die Tür nur eingeklinkt! Dabei habe ich sie gestern ganz sicher abgeschlossen. Ich wurde sofort misstrauisch. Mit Recht!« Die Frau nickt bekümmert. »Also, da fehlt schon einiges! Katharinas wertvolle Grafiken beispielsweise, das habe ich gleich gesehen. Und ihr Schmuck natürlich. Sie hatte ihn im Küchenschrank versteckt.« Frau Kliemig senkt ihre Stimme: »Wenn Sie mich fragen, Herr Kommissar, das kann nur jemand gewesen sein, der sich bei Katharina auskennt.«

»Möglich.« Der Kommissar betritt die Wohnung. »Warten Sie bitte hier, ich bin gleich wieder da.« Hell guckt sich gründlich um. Aber er kann nichts Besonderes entdecken. Außer dass der Anrufbeantworter im

Wohnzimmer blinkt. Er hat drei Anrufe gespeichert. Hell drückt auf die Wiedergabetaste. Der erste Anruf ist von einem gewissen Rüdiger, der sich mit Katharina Brause für den kommenden Sonnabend, 19 Uhr, im Café »Sentimental« verabreden wollte. Das war am Dienstag. Der zweite Anruf wurde am Mittwoch aufgezeichnet. Er kam von Katharinas Mutter. Und gestern Nachmittag war wieder Rüdiger am Apparat. Hell hört sich seine Nachricht zweimal an: »Hallo, Kathinka, Rüdiger hier. Leider klappt es Sonnabend nicht. Superschade. Aber Sonntag wird es dafür um so schöner. Ich erwarte dich um 20 Uhr im Café ›Sentimental‹. Bis bald.« Hell schüttelt den Kopf. Nein, da war nichts, absolut nichts. Leider.

Der Kommissar versiegelt die Wohnung. »Und nun«, sagt er zu der wartenden Frau Kliemig, »zu Ihrem Verdacht. Sie haben doch einen, oder?«

Die Frau wird verlegen. »Ich will ja niemanden reinreißen, Herr Kommissar. Aber gestern habe ich Felix hier gesehen, Katharinas Ex. Die beiden haben sich erst vor drei Wochen getrennt. Na ja, Katharina sich von ihm. Ich glaube, das hat er nicht verkraftet. Und vielleicht ...«

»... wollte er sich rächen, meinen Sie?«

Frau Kliemig zuckt mit den Schultern: »Wo er doch noch einen Wohnungsschlüssel hat!«

Der Kommissar pfeift durch die Zähne. »Wann genau haben Sie den Mann hier gesehen?«

»So gegen 21 Uhr, wenn ich mich nicht täusche. Es fing gerade an, dunkel zu werden.«

Felix Fromm wohnt am anderen Ende der Stadt. Dort arbeitet er auch als Bankberater. Hell ist zu ihm rausgefahren, nachdem er sich von Frau Kliemig verabschiedet und in seiner Wohnung noch ein bisschen Fußball geguckt hat. Also, Eddie Köppichs Freistoß war endlich wieder mal allererste Sahne. Ins Tor getroffen hat er trotzdem nicht.

Nun sitzt Hell dem jungen Mann gegenüber. »Was kann ich für Sie tun?«, fragt Felix Fromm. Er sieht sehr gescheit aus.

»Sagen Sie mir einfach die Wahrheit.« Hell schiebt seinen Dienstausweis über den Tisch. »Es geht um Katharina Brause.«

Der junge Mann wird blass. »Was ist mit ihr? Herrgott, nun reden Sie schon!«

»Keine Sorge.« Der Kommissar winkt ab. »Frau Brause geht es gut, soviel ich weiß. Mich interessiert nur, wann Sie sie zuletzt besucht haben. Oder besuchen wollten.«

Felix Fromm greift sich an seine Krawatte. »Ich hab sie schon zwei, drei Wochen nicht mehr gesehen.«

»Richtig, sie ist ja auch verreist. Und in der Zwischenzeit«, Hell beobachtet sein Gegenüber gespannt, »hat man ihre Wohnung ausgeraubt. Ein bisschen jedenfalls.«

»Und das weiß sie noch nicht?«

Der Kommissar nickt. »Vielleicht können Sie uns ja sagen, wo sie sich aufhält. Oder wann genau sie zurückkommt.«

Felix Fromm überlegt nicht lange. »Wahrscheinlich ist

sie schon unterwegs.« Und als er Hells fragenden Blick sieht: »Sie hat eine Verabredung. Morgen schon. 19 Uhr, im ›Sentimental‹.«

»Woher wissen ...?«

»Ich hab's gehört.« Felix Fromm schaltet seinen Computer ein. »Ist sonst noch was?«

»Eine Kleinigkeit nur.« Hell fischt ein Päckchen Gummibärchen aus seinem Rucksack. »Mögen Sie? Nein? Na gut .... Also, Sie haben doch noch einen Schlüssel zu Frau Brauses Wohnung? Und Sie haben ihn auch benutzt. Unlängst erst!«

Diesmal wird Felix Fromm rot. »Den Schlüssel habe ich ihr zurückgegeben, schon vor drei Wochen!«

»Und den Nachschlüssel, den Sie sich anfertigen ließen?«, blufft Hell und wird etwas lauter. »Herr Fromm, es gibt einen Zeugen, der Sie gestern Abend vor Frau Brauses Haus gesehen hat! Und sollten Sie die Wohnung betreten haben, dann gnade Ihnen ...«

»Halt«, sagt Felix Fromm, »ich lass mir doch keinen Einbruch unterschieben!« Er legt seine Hände auf den Tisch. Sie zittern ein wenig. »Okay, ich war mal kurz in Katharinas Wohnung. Ich wollte nur meine Briefe wiederhaben. Das war aber nicht gestern Abend, sondern schon in der Nacht zum Mittwoch!«

»Na, sehen Sie«, Hell belohnt sich mit einem Gummibärchen, »es geht doch! Und wenn Sie ...«

»Ich weiß«, unterbricht Felix Fromm, »mein Alibi. Kein Problem, Herr Kommissar. Ich war gestern ...«

»Warum lassen Sie mich nicht ausreden! Ich wollte nur sagen, wenn Sie wieder mal jemanden besuchen wollen – tun Sie es am besten, wenn er zu Hause ist.« Der Kommissar steht auf, schultert seinen Rucksack, sagt Tschüs und geht.

Felix Fromm bleibt sprachlos zurück.

Frage: Woran hat der Kommissar gemerkt, dass Felix Fromm die Wahrheit sagt und somit kaum als Täter infrage kommen kann? (2 Punkte)

Ölschinken

Langsam wird Rico Strauch ungeduldig. Er hockt im Gebüsch und starrt durch die Zweige auf das baufällige Schloss. Noch fünf Minuten, dann müsste der Pinselkleckser dort drüben sein Atelier spätestens verlassen. Strauch weiß, dass sich Roberto Bongo dann auf sein Fahrrad schwingt und zur »Schwemme« radelt. Dort isst er ein wenig, trinkt etwas Wein und schmaucht ein Pfeifchen. Dreißig Minuten später sitzt er wieder in seinem Schloss-Atelier und pinselt bis spät in die Nacht. So geht das Tag für Tag.

Als Rico Strauch wieder auf seine Uhr schaut, öffnet sich die verwitterte Eichentür. Ein hagerer Mann erscheint, steigt auf ein altes Fahrrad und verschwindet mit schweren Tritten hinter der hohen Schlossmauer.

Rico Strauch rennt los. Sekunden später hantiert er an Roberto Bongos Türschloss. Dann steht er auch schon im Atelier. Strauch sieht sich um. Überall an den Wänden lehnen Aquarelle, Ölbilder und Skizzen. Der Maler hat sie für eine Ausstellung seines umfangreichen Lebenswerks bereitgestellt. Aber Rico Strauch sucht etwas anderes.

Als er es gefunden hat, zieht er ein Walkie-Talkie aus der Tasche und sagt: »Schwalbe, hier Adler. Das Nest ist bereit.« Dann schaltet er auf Empfang. »Adler«, hört er, »hier Schwalbe. Komme geflogen.«

Strauch späht aus dem Fenster. Ein sandfarbener

Lieferwagen stoppt vor dem Atelier. Der dicke Fahrer steigt aus. Behänd öffnet er die Schiebetür, holt einen Wäschekorb heraus und geht in das Haus. Gemeinsam mit Strauch kommt er fünf Minuten später wieder heraus. Der Wäschekorb ist voll beladen. Grinsend klettern die beiden in den Lieferwagen und brausen davon.

Hauptkommissar Hubert Grämlich bebt vor Zorn. »So etwas ist mir in meiner ganzen Laufbahn noch nicht passiert! Wenn das der Staatssekretär erfährt, kann ich meinen Hut nehmen!«

Den hast du doch schon in der Hand, denkt Maximilian Hell und unterdrückt ein Lachen. Es ist drei Minuten vor Feierabend und der Chef pflegt eigentlich immer sehr pünktlich zu gehen. Gleich werde ich erlöst sein, hofft Hell. Gefasst erwartet er den Endspurt des Hauptkommissars.

»Was haben Sie sich eigentlich dabei gedacht?« Grämlich setzt seinen Hut auf. »Können Sie mir das mal erklären?«

Hell zuckt mit den Schultern. »Ich habe doch nur gemacht, was jeder andere an meiner Stelle ...«

»Natürlich.« Grämlich lacht bitter. »Diese Antwort ist wieder mal typisch!«

Er schaut auf die Bürouhr. Noch eine Minute bis 17 Uhr. »Aber ich gebe Ihnen die Chance, Ihren Fehler wiedergutzumachen. Finden Sie bis morgen Früh, 8 Uhr, einen brauchbaren Hinweis auf die Täter und ich bin bereit, zu vergessen.«

»Morgen ist aber Sonnabend!«

»Daran hätten Sie eher denken müssen!«, sagt Hauptkommissar Grämlich, lüftet steif seinen Hut und geht.

Nun sitzt Hell allein im Büro, kaut Gummibärchen und überlegt, was eigentlich passiert ist. Gegen Mittag hatte ihn ein Anruf des Kunstmalers Roberto Bongo erreicht. »Bei mir ist eben eingebrochen worden, Herrgott, warum ist denn noch niemand hier?« Hell schnappte sich Hauptmeister Pick von der Spurensicherung und sauste los. Bongo wohnt einsam in einem baufälligen Schloss. Es liegt in einem verwilderten Park. »Ich war wie immer um diese Zeit eine Kleinigkeit essen«, sagte der Künstler. »Als ich wiederkam, wollte ich mein Radio anstellen – doch es war nicht mehr da.« Aber auch sein Computer, ein alter Plattenspieler und zwei teure Fotoapparate fehlten. Bongos Werke allerdings blieben unberührt. Das freute den Künstler natürlich. Dennoch schien er ein bisschen beleidigt.

Hell half Pick bei der Arbeit. Aber der Täter musste sehr geschickt vorgegangen sein. Er hinterließ so gut wie keine brauchbaren Spuren. Nach einer knappen Stunde war die Arbeit erledigt. Und nun der »Fehler«: Hell bat den Maler, für das Protokoll mit ihm aufs Revier zu kommen. Bongo willigte ein. Leider! Denn während der Künstler in Kommissar Hells Büro saß und jammerte, kehrten die Diebe zurück. Diesmal sackten sie Bongos Öllandschaften ein – 74 Stück!

Hell befördert eine leere Gummibärchentüte in den Papierkorb und steht auf. Es ist heiß im Zimmer. Obwohl der gestrige Wolkenbruch fast zwanzig Minuten gedauert hat, war er doch nur so etwas wie der berühmte Tropfen auf den heißen Stein.

Der Kommissar reißt das Fenster auf. Lächerlich, wenn ihm Grämlich jetzt vorwirft, er hätte Roberto Bongo nicht mit aufs Revier nehmen dürfen! Irgendwann hätte er ja doch kommen müssen. Dann wären die Diebe eben zu einem anderen Zeitpunkt eingestiegen.

Hell schließt das Fenster und setzt sich wieder. Wahrscheinlich war der erste Bruch sowieso nur ein Ablenkungsmanöver. Der Maler sollte glauben, die Diebe interessierten sich ausschließlich für seinen elektronischen Kram. In Wirklichkeit wollten sie Bongo für längere Zeit aus dem Haus locken, um in Ruhe seine Ölbilder stehlen zu können. So und nicht anders muss es gewesen sein!

Der Kommissar startet den Computer. Vier Stunden später ist er schlauer. Vor sechs Jahren hat sich in Belgien ein ähnlicher Fall zugetragen. Damals waren dem bekannten Bildhauer Gerrit van der Nagel 28 seiner wertvollsten Werke gestohlen worden. Als Täter ermittelte man einen Deutschen namens Rico Strauch. Er wurde zu vier Jahren und drei Monaten Haft verurteilt.

Der Kommissar hält die Luft an. Strauch lebt seit anderthalb Jahren hier in der Stadt.

Am nächsten Morgen macht sich Hell beizeiten auf den Weg. Die Sonne brennt trotzdem schon heiß vom Himmel.

Strauch wohnt in einem schmucklosen Bungalow. Büsche und Bäume säumen das kleine Grundstück. In

der Ecke lockt ein Swimmingpool. Eine Plane schützt ihn vor dem Laub der Bäume.

Hell klingelt und zeigt seinen Dienstausweis. »Ein paar Minuten nur, dann sind Sie mich wieder los.«

»Das will ich auch hoffen«, sagt Rico Strauch. »Ich wollte nämlich gerade in den Pool.« Er ist barfuß und trägt einen blau gestreiften Bademantel. »Hab schon gestern den ganzen Tag dringelegen.« Der stämmige Mann guckt den Kommissar fragend an. »Womit kann ich dienen?«

»Es geht um einen Einbruch auf Schloss Gutland, bei Roberto Bongo, dem Maler. Aber Sie haben ja ein Alibi.« Hell zeigt auf den Pool. »Verstehen Sie mich nicht falsch, aber das wird doch jemand bestätigen können?«

»Ich verstehe Sie schon richtig, Herr Kommissar. Sie wollen mir etwas anhängen.« Rico Strauch winkt ab. »Wie sind Sie überhaupt auf mich gekommen?«

»Wir haben uns an Ihre Geschichte in Belgien erinnert.«

»Ach, und deswegen soll ich hier gestern Ölschinken geklaut haben?« Strauch schüttelt fassungslos den Kopf. Dann zeigt er hinüber zum Nachbargrundstück, wo sich ein dicker Mann an einem Rasenmäher zu schaffen macht. »Aber um Ihre Frage zu beantworten: Der Herr dort drüben kann bestätigen, dass ich den ganzen gestrigen Tag am Pool verbracht habe!«

Aber Hell sagt nur kühl: »Ich weiß nicht, ob Ihnen das noch viel nützen wird, Herr Strauch. Machen Sie sich bitte fertig zum Mitkommen.«

Dann holt er sein Handy heraus und klingelt Hauptkommissar Grämlich aus dem Bett. »Es ist zwar etwas später als 8 Uhr geworden. Aber dafür kann ich Ihnen jetzt den Bilderdieb liefern.«

Frage: Welche zwei Fehler verraten Rico Strauch als Dieb? (2 Punkte)

Der Ausflug

An diesem Sonnabend ist Maximilian Hell schon ungewöhnlich früh auf den Beinen. Er hat noch so viel vorzu-
bereiten! Selten, aber wahr: Der Kommissar ist im Wo-
chenend-Stress. Doch die Rolle als Diener zweier Herren
hat er sich schließlich selber ausgesucht!

Dabei will der eine Herr erst noch einer werden. Es ist
Philipp.

Der andere Herr ist eine junge Frau. Sie heißt Linda.

Hell hat beide zu einer Autotour eingeladen. Er
möchte ihnen seine Heimatstadt zeigen.

Der Kommissar schaltet den Fernsehapparat ein. Er
informiert sich über das Wetter. 30 Grad soll es heute
heiß werden, na, danke schön! Dann holt er bei Bäcker
Knust an der Ecke frische Brötchen und etwas Kuchen,
kocht Kaffee, füllt ihn in eine Thermoskanne und packt
alles in einen Korb. Natürlich, auch zwei Flaschen Wasser, etwas Obst und eine Riesentüte Gummibärchen
kommen mit hinein.

Zu guter Letzt macht sich der Kommissar an die Rou-
tenplanung. Folgt er Philipp, soll es schnell und über die
Autobahn gehen. Aber das ist eher etwas für die Rück-
tour. Also sucht er eine Strecke aus, wie Linda sie sich
gewünscht hat: langsam und über die Dörfer.

Es ist 10.45 Uhr, als Hell seine Gäste abgeholt und
endlich das Stadtgebiet verlassen hat. Die Straßen sind
frei und der Kommissar kommt zügig voran. Dabei fährt

er so gemächlich, dass es Philipp hinter ihm schon peinlich wird. Immer wenn sie von einem anderen Auto überholt werden, versteckt er sich auf der Rückbank. Jetzt bleibt er gleich dort liegen.

»Was haltet ihr von einem Eis?«, fragt der Kommissar und wischt sich den Schweiß aus dem Gesicht. Es ist sehr heiß. Sein Auto hat weder Schiebedach noch Klimaanlage.

»Cool«, sagt Philipp und wird sofort wieder lebendig.

Linda pustet ihre Haare aus dem Gesicht. »Aber bitte ganz schnell«, sagt sie, »sonst klebe ich hier fest.«

Hell lässt sich von Linda die Straßenkarte geben. »Da«, sagt er und zeigt auf einen unscheinbaren Punkt, »Finsterbergen. Dort ist der einzige Supermarkt weit und breit.«

Kurz darauf erreicht der Kommissar den kleinen Ort. »Na, was sagt ihr zu meiner Nase?«, trompetet er und deutet auf eine Werbetafel vor dem Supermarkt. »Heute Sonderangebot: Eiscreme und eisgekühlte Getränke.«

»Überwältigend, wie fast immer«, stöhnt Linda. »Folgt ihr schon mal deiner Spürnase. Ich muss mich unbedingt erst mal frisch machen.«

Während Linda in einem kleinen Waschraum neben dem Parkplatz verschwindet, betritt Hell mit Philipp den Supermarkt. Es ist wenige Minuten vor 12 Uhr. Das Geschäft scheint gähnend leer. Die beiden Kassiererinnen langweilen sich und schwatzen miteinander.

Hell bugsiert seinen Wagen zunächst zur Süßwarenabteilung. So wie er das immer macht. Philipp ist ihm schon vorausgeeilt. Plötzlich kommt er aufgeregt zurückgelaufen. »Hey«, ruft er leise und winkt dem Kommissar, »da hinten klauen welche!« Hell lässt den Wagen stehen, schleicht zu Philipp und späht um die Ecke.

Im gut gekühlten Bereich des Supermarktes stehen ein Junge und ein Mädchen. Das Mädchen verschließt gerade seinen Rucksack. Er hängt an seinem Einkaufswagen. Der Junge steht neben einer Kühltruhe. Er holt etwas heraus, wirft es in den Wagen und geht weiter. Dabei flüstert er dem Mädchen etwas zu. Dann schauen sich beide zum Kommissar um.

Da bin ich wohl zu spät gekommen, denkt Hell und holt seinen Einkaufswagen. Oder Philipp hat sich geirrt. Aber der schüttelt immer nur den Kopf. »Ich habe es doch gesehen! Warum machst du denn nichts?«

»Was soll ich denn machen?«, sagt der Kommissar unlustig und packt für alle Eis in den Wagen. »Ich bin doch hier nicht der Ladendetektiv.« Dann geht er zur Kasse.

Auf dem Parkplatz sieht er die beiden wieder. Sie schieben gerade ihre Fahrräder an ihm vorbei und grinsen. Das Mädchen dreht sich sogar noch einmal um. Es guckt Hell an, steckt seine Zungenspitze heraus und lacht.

Sie lacht mich aus, durchfährt es den Kommissar! Dann ist er auch schon bei ihnen.

»Wenn ihr unbedingt wollt«, sagt er und zeigt seinen Dienstausweis, »dann können wir uns noch ein bisschen unterhalten.« Er verschränkt seine Arme. »Ihr entscheidet, ob wir das hier machen oder auf dem Revier.«

»Was haben wir denn getan?«, mault der Junge und wird blass. Er ist vielleicht fünfzehn oder sechzehn Jahre alt.

Hell sagt ihm seinen Verdacht auf den Kopf zu. Er zeigt auf Philipp: »Der Junge hier hat euch beobachtet.«

»Quatsch«, entfährt es dem Mädchen. »Wir haben uns nur zwei Eis am Stiel gekauft. Hier ist der Kassenzettel.«

»Na und«, mischt sich jetzt Philipp ein, »was beweist denn das schon?«

Der Kommissar bedeutet Philipp, zu schweigen. Dann sagt er: »Machen wir es kurz! Am besten, ihr packt euren Rucksack mal aus!«

»Darf der das eigentlich?«, fragt das Mädchen frech.

Aber der Junge öffnet ihn schon. »Da ist doch nichts Schlimmes drin. Das haben wir alles von zu Hause mitgebracht. Wir machen nämlich eine Fahrradtour.«

»Zwei Stunden sind wir schon unterwegs«, sagt das Mädchen.

Unterdessen hat der Junge den Inhalt des Rucksacks auf dem Asphalt ausgebreitet. Es ist nicht allzu viel. Hell sieht eine Flasche Cola, eine halb volle Flasche Apfelsaft, zwei Becher Joghurt, zwei Äpfel, einer davon angebissen, drei Würstchen, ein halbes Baguette und eine angerissene Tüte mit Gummibärchen.

»Zeig mal her«, sagt der Kommissar und will sich überzeugen, dass der Rucksack auch wirklich leer ist.

Da holt der Junge schnell noch eine Tafel Schokolade heraus. »Hab ich glatt übersehen«, murmelt er und wirft sie zu den anderen Dingen. Die Tafel zerbricht.

»Okay«, sagt der Kommissar, »das wars dann wohl.« Er überlegt einen Moment. »Ich schlage euch jetzt Folgendes vor: Ihr nehmt euch einen Wagen und geht noch einmal in den Markt. Dort holt ihr das, was ihr gestohlen habt, aus dem Rucksack heraus und legt es in den Wagen. Ich denke, es müssen zwei Dinge sein. Dann bezahlt ihr und die Sache ist vergessen.«

Die beiden nicken und machen sich auf den Weg.

Als kurz darauf Linda erscheint, erinnert nur noch ein feuchter Kreis auf dem Asphalt an das Warenlager aus dem Rucksack. Er stammt von der Colaflasche.

»Na, alles erledigt, die Herren?«, fragt Linda und schielt auf die Packung mit dem Eis.

Hell nickt und Philipp sagt stolz: »Und noch ein bisschen mehr!«

Frage: Welche zwei Dinge aus dem Rucksack hat der Kommissar sofort als Diebesgut erkannt? (2 Punkte)

Der Millionenraub

Kommissar Hell im Glück: Schon wieder durfte er sein Wochenende um zwei Tage verlängern. »Ihr Überstundenkonto ängstigt mich«, hatte Hauptkommissar Grämlich gegrantelt. »Denken Sie gelegentlich mal darüber nach!« Hell machte sich augenblicklich ans Werk und so liegt er nun im sechsten Stock seines Hochhauses und guckt in die Ferne. Hell hat das Frühstücksfernsehen eingeschaltet. Er kann einfach nicht mehr schlafen.

Es ist Dienstagmorgen, 7 Uhr. Der alberne Moderator kündigt gerade die Nachrichten an. Wie kann man um diese Zeit nur schon so geschwätzig sein?, rätselt Hell. Er gähnt und überlegt, ob es sich wirklich lohnt, schon aufzustehen. Da ist er plötzlich hellwach.

»Mit außergewöhnlich hohen Belohnungen«, vernimmt Hell den Nachrichtensprecher, »versuchen Versicherung und Polizei, auf die Spur der Geldräuber aus Ochsenhausen zu kommen, die am Montag entgegen ersten Vermutungen doch eine Millionenbeute gemacht haben. Zu den von den geschädigten Kunden ausgesetzten 50 000 Euro Belohnung bei Ergreifung der Täter hat nun die Versicherung des überfallenen Werttransporters gestern zusätzlich zehn Prozent der Beute für die Wiederbeschaffung des Geldes in Aussicht gestellt.«

Hell hat schon sein zweites Bein aus dem Bett geschwenkt, als er noch hört: »Die mindestens vier schwer bewaffneten Täter hatten nach Angaben eines Polizeisprechers sehr detaillierte Kenntnisse. Bei dem nur wenige Minuten dauernden Überfall erbeuteten die Täter ausgerechnet die vier Geldkisten, in denen besonders hohe Summen deponiert waren.«

Natürlich ist Hell kein Hellseher, aber er weiß ziemlich genau, was jetzt passiert. Das heißt, in ungefähr einer Stunde. Dann wird das Telefon klingeln und Hauptkommissar Grämlich wird grummeln: »Wenn man Sie schon mal braucht! In Ochsenhausen ist die Hölle los, und Sie, was machen Sie? Also, wir sehen uns gleich.« Genauso geschieht es dann auch.

Nun sitzt Hell in Grämlichs Dienstzimmer. Der Hauptkommissar ist sehr ernst. Er kommt gerade von Kriminalrat Locke. »Der Staatssekretär hat sich eingeschaltet«, stöhnt Grämlich, »jetzt guckt man von ganz oben auf uns. Vielleicht kriegen wir noch eine Sonderkommission vor die Nase gesetzt.«

Hell hat eigentlich Lust auf ein paar Gummibärchen, aber angesichts der ernsten Situation lässt er sie lieber stecken. »Die beiden Leute des Werttransporters«, hört er dann, »haben gestern Abend nur wenig Brauchbares von sich gegeben. Standen wohl noch unter Schock. Aber jetzt müssen sie reden!« Grämlich wühlt in einer Mappe, dann hält er seinem Mitarbeiter einen Zettel unter die Nase: »Sie nehmen sich den Beifahrer vor. Der ist nicht ganz so wichtig. Münzner und ich fühlen inzwischen seinem Kollegen auf den Zahn. Ist noch was?«, fragt er, als Hell keine Anstalten macht, aufzustehen.

»Die Summe«, sagt Hell, »also, ich würde schon ganz gerne wissen, um wie viel ...«

Grämlich verschließt sein Gesicht. »Eine Millionenge-
schichte! Genaues weiß nicht mal der Rat. So, und jetzt
aber los!«

Mario Dürr empfängt den Kommissar im Garten seines
kleinen Siedlungshäuschens. Zufrieden rührt er in einer
Tasse Kaffee. »Es ist ein Wunder, Herr Kommissar, glauben Sie mir. Dass ich jetzt noch hier sitzen darf! Gesund
und munter! Und der Michael natürlich auch.«

»Fahren Sie eigentlich immer zusammen?«

»Nur gelegentlich. Aber mit Michael macht es echt
Spaß. Der ist meistens gut drauf, nicht so stur wie die
anderen.«

Hell lächelt. »Verstehe. Ja, Herr Dürr, jetzt erzählen
Sie aber mal. Wie ist denn das nun passiert?«

Mario Dürr fährt sich durch die spärlichen Haare.
»Es ging so verdammt schnell. Wir hatten nur sechs
Kunden gestern, aber alles dicke Nummern, wenn Sie
verstehen, was ich meine.«

Der Kommissar nickt. »Hatten Sie eine Ahnung, wie
viel Geld in den Kisten ...«

»Das sagt uns doch niemand! Und ganz ehrlich – ich
will es auch gar nicht wissen«, winkt Mario Dürr ab.
»Also, unsere letzte Station war gestern die Bank in Ochsenhausen und dann sind wir wieder los. Aber die Bun-
desstraße war wegen eines Unfalls ziemlich dicht. Da hat
Michael eine Ausweichroute bei unserer Zentrale ange-
meldet. Und die sind wir dann auch gefahren.«

»Kam Ihnen das nicht verdächtig vor?«, möchte Hell
wissen.

»Verdächtig? Was soll denn daran verdächtig gewesen sein?«

»Na, die Ausweichroute beispielsweise.«

»Und der Unfall? Finden Sie den etwa auch ...?«

»Schon gut.« Hell hebt die Arme. »Und, wie ging es weiter?«

»Kurz nach Ochsenhausen, hinter dem Parkplatz am Roten Moor, stand plötzlich dieses Auto mitten auf der Straße. Ein alter Volvo, glaube ich. Michael bremste und dann ging es auch schon los. Verrückt, die ballerten mit einer MPi auf uns.«

»Die? Es waren mehrere?«, will Hell wissen.

»Vier. Aber das habe ich doch schon gestern Abend erzählt. Wir hatten null Chance.«

Der Kommissar lässt Mario Dürr nicht aus den Augen. »Wieso nicht?«

»Die hatten unsere Reifen zerschossen. Wir schleuderten und um ein Haar wären wir in das Moor gekippt.« Der Mann schweigt und quetscht den letzten Tropfen Kaffee aus der Kanne.

»Und dann, nun lassen Sie sich doch nicht so bitten«, drängt Hell.

»Dann stieß Michael die Tür auf. Er ...«

»Haben Sie nicht die Anweisung, in solchen Fällen in Ihrem Fahrzeug zu bleiben und Hilfe anzufordern?«

Mario Dürr springt auf. »Verstehen Sie denn nicht – wir hatten Angst, in das Moor zu kippen. Außerdem habe ich die Zentrale ja noch verständigt.«

»Stimmt«, sagt Hell. »Nur, genützt hat es keinem mehr ...«

»Weil die Kerle ganz genau wussten, was sie wollten. Der mit der MPi hielt uns in Schach, die anderen holten die vier Geldkisten raus und dann waren sie auch schon wieder weg.«

Der Kommissar verstaut sein Notizbuch. Auf die nächste Frage erwartet er ohnehin keine brauchbare Antwort. »Können Sie die Täter beschreiben?«

Dürr kratzt sich am Ohr. »Da sah einer wie der andere aus – mit ihren Blaumännern, Handschuhen und Masken. Richtige Profis eben.«

»Na gut.« Hell steht auf und schaut sich im Garten um. »Schön haben Sie es hier. Könnte mir gefallen.«

»Sagt jeder.« Mario Dürr lächelt stolz und begleitet den Kommissar zum Gartentor. »Schade, dass ich Ihnen nicht mehr sagen kann. Außerdem – die Belohnung hätte ich mir auch ganz gern verdient.«

Der Kommissar hat die Straße erreicht. »Sind Firmenangehörige davon nicht ausgeschlossen?«

»Ach wo, das verwechseln Sie mit Preisausschreiben.« Dürr schüttelt den Kopf. »Eine Viertelmillion!«

»250 000 Euro!«, sagt der Kommissar. »Und dann noch die 50 000 von den Kunden!«

»Die sind doch schon mit dabei«, weiß Dürr, »aber das reicht ja auch so.«

»Ich denke schon«, sagt Hell, setzt sich in den Dienstwagen und fährt um die Ecke. Dort schaltet er das Funkgerät ein und fordert Verstärkung an.

Frage: Was ist Kommissar Hell plötzlich aufgefallen? (2 Punkte)

Auflösungen

Verflixte Linda!

Verflixte Linda!: 1. Gerade hatte Kommissar Hell festgestellt, dass es sich bei der Bürotür um eine dick gepolsterte handelt, da fragte ihn der Mann am Schreibtisch auch schon, ob er nicht anklopfen könne – geht leider nicht. Vermutlich sitzt der Mann normalerweise in den Büroräumen hinter einer anderen Tür. (1 Punkt)
2. Linda entdeckte sofort den Lippenstift, die Handcreme und das Kosmetiktäschchen auf dem Schreibtisch – Utensilien, die mit großer Wahrscheinlichkeit einer Kollegin gehören.
(1 Punkt) Zusätzlicher Hinweis: Auf dem Aktenschrank stehen die Fotografien eines Mannes und eines Kindes – vermutlich die Familie der Frau.

Bestohlene Gäste

Bestohlene Gäste: 1. Woher konnte der Nachtportier wissen, dass es sich bei der Krawattennadel um eine silberne handelte? (1 Punkt)
2. Der Nachtportier wusste außerdem genau, wann Herrn Schumann die Lupe gestohlen worden war. Da aber der Kommissar keinerlei Zeitangabe gemacht hat

113

und auch Herr Schumann lediglich Jonathan Grömke von seinem Verlust berichtete, kann nur Ron Finger der Langfinger gewesen sein. (1 Punkt)

Der Schneekönig

Der Schneekönig: Hell ist sich sicher, dass Sascha der Täter ist. Sascha will das Graffiti an der Bäckerei Knust auf seinem Weg zur Schule gesehen haben. Das war kurz nach 8 Uhr. Da war der Rollladen mit dem SNOW-Schriftzug aber schon längst wieder hochgezogen. Der Junge konnte also gar nicht die kleine verschnörkelte Eins gesehen haben, die Hell vergessen hatte zu erwähnen. Sascha wollte den Verdacht wahrscheinlich bewusst auf den »Schneekönig« lenken, dem er damit zu schaden glaubte. (1 Punkt)

Ein genialer Plan

Ein genialer Plan: Als Kommissar Hell Sonjas Wohnung betrat, genoss er die wohlige Wärme. Kai Bucher aber behauptete, dass Fenster und Tür über drei Stunden offen gestanden hätten. Wenn dies der Fall gewesen wäre, müsste es in Sonjas Wohnung eiskalt gewesen sein. Kai Bucher hat also gelogen. (1 Punkt)

Freitag, der Dreizehnte

Freitag, der Dreizehnte: Über dem Tischchen in Robbes Küche fiel dem Kommissar ein kleiner Abreißkalender auf. Er verkündet das heutige Datum: Freitag, der Drei-zehnte. Robbe, der als Einziger einen Schlüssel zu seiner Wohnung besitzt, muss also noch am Morgen hier gewe-sen sein! (1 Punkt)

Zwei geniale Ideen

Zwei geniale Ideen: Die schneefreie Fläche unter dem Kadett lässt tatsächlich vermuten, dass Thilo Fröschke sein Auto seit Beginn des Schneefalls nicht mehr benutzt hat. Woher weiß er dann aber, dass der Täter nicht den Laden, sondern die Werkstatt des Juweliers überfallen hat? Davon hat Hauptkommissar Grämlich doch gar nichts erwähnt. (1 Punkt)

Der Fenstersturz

Der Fenstersturz: Kommissar Hell hat Familie Netzel im Verdacht. Denn wieso sonst betonte Frau Netzel, in die-sem Jahr »eine Edeltanne« gehabt zu haben? Das kann doch nur heißen: Da unten liegt eine Fichte, also können wir es nicht gewesen sein. Dass es sich bei dem Baum auf der Straße um eine Fichte handelt, kann aber nur der Täter wissen! (2 Punkte)

Verrechnet

Verrechnet: Die Schuhabdrücke im Schnee waren alle gleich tief – zweieinhalb Zentimeter. Da der Täter auf dem Rückweg vom Laden den mindestens 30 Kilogramm schweren Tresor schleppte, hätten seine Fußspuren hier deutlich tiefer sein müssen. Der Mann, wahrscheinlich war es Ambrosius Finkenstein selbst, hat also nicht den Tresor, sondern nur eine Attrappe aus Karton getragen – für den Fall, dass ihn jemand beobachten würde. (2 Punkte)

Gefilmt

Gefilmt: 1. Herr Zachhuber hat nicht bedacht, dass Eisblumen immer innen am Fenster entstehen. Sollten sich also tatsächlich welche an seinem Schlafzimmerfenster gebildet haben, hätte er sich ganz schnell ein Guckloch freikratzen können. (1 Punkt)

2. Als Herr Zachhuber das Fenster endlich geöffnet hatte, sah er angeblich nur noch die Rücklichter des Wagens. Woher konnte er dann wissen, dass zwei Personen in dem Auto saßen? (1 Punkt)

Ein sonniger Frühlingstag

Ein sonniger Frühlingstag: Die heruntergeklappte Sonnenblende im Auto lässt darauf schließen, dass der Golf gefahren worden ist, während die Sonne schien: zu einem Zeitpunkt also, als der Mann angefahren wurde. Und der Sonnenschein an diesem Nachmittag war der erste seit vielen Tagen. Da Frau Funkel ihre Mitarbeiter entlastet hat, kommt eigentlich nur noch sie als Fahrerin infrage. (1 Punkt)

Urlaubsfreuden

Urlaubsfreuden: 1. Der hustende Mann hat behauptet, das T-Shirt vor drei oder vier Wochen geschenkt bekommen zu haben. Das kann nicht stimmen, denn es wurde ausschließlich am Blade Day verkauft. (1 Punkt)

2. Außerdem: Wieso kann der Hustenmann wissen, dass Hell das T-Shirt beim Duschen gestohlen worden ist? Der Kommissar hat doch nur vom Sanitärtrakt gesprochen. (1 Punkt)

Der Ausbruch

Der Ausbruch: Fahrer von Betonmischern mit voller Ladung müssen ständig ihre Trommel rotieren lassen, damit der Beton nicht fest wird. Selbst dann, wenn sie nur einmal kurz anhalten, um schnell eine Tasse Kaffee zu trinken. Als Hell den Betonmischer durchs Fernglas beobachtete, drehte sich die Trommel. Bei seinem Kontrollgang hingegen schaltete der Fahrer den Motor aus und die Trommel kam zum Stillstand. Das bedeutet, dass bei dem Fahrzeug etwas nicht stimmt. (2 Punkte)

Falscher Verdacht

Falscher Verdacht: Felix Fromm wusste von der Verabredung Katharinas mit Rüdiger. Er hatte, ebenso wie der Kommissar, Katharinas Anrufbeantworter abgehört. Da Felix Fromm aber nur den Sonnabend-Termin kannte und nicht den am Donnerstag korrigierten, scheint klar, dass er nicht in der Nacht zum Freitag in der Wohnung gewesen ist. Offenbar wollte Frau Kliemig, indem sie Felix Fromm verdächtigte, von ihrer Tat ablenken. (2 Punkte)

Ölschinken

Ölschinken: 1. In der Abdeckplane des Swimmingpools von Rico Strauch steht etwas Wasser. Da es am Donnerstag das letzte Mal geregnet hat, kann Rico Strauch den Pool am Freitag nicht benutzt haben. (1 Punkt)
2. Woher weiß Rico Strauch, dass im Atelier von Roberto Bongo Bilder – und noch dazu Ölbilder – gestohlen worden sind? Das hatte Kommissar Hell gar nicht erwähnt. (1 Punkt)

Der Ausflug

Der Ausflug: 1. Die Colaflasche. Sie muss eben noch im Kühlfach gelegen haben, wie ihr sofortiges Beschlagen an der heißen Außenluft beweist. Deshalb auch der Feuchtigkeitsring auf dem Asphalt. (1 Punkt)
2. Die Schokolade. Sie war noch hart, als sie auf den Boden fiel – was ihr Zerbrechen erklärt. Das hätte sie aber nicht mehr sein können, wenn sie schon zwei Stunden im Rucksack gelegen hätte – bei diesen Temperaturen! (1 Punkt)

Der Millionenraub

Der Millionenraub: Weder Hell noch Grämlich und nicht einmal der Polizeirat kannten zu diesem Zeitpunkt die genaue Höhe der Beute. Da selbst die Werttransportfahrer nicht wissen, welche Summen sie befördern, kann auch Mario Dürr die Höhe des geraubten Betrages nicht bekannt gewesen sein. Zumal die Räuber ja nur einen Teil des Geldes mitgenommen haben. Wieso aber weiß Mario Dürr, dass die Belohnung insgesamt 250 000 Euro beträgt: 50 000 von den Kunden plus zehn Prozent der Beute von der Versicherung? Das kann nur jemand wissen, der die genaue Höhe der Beute kennt – ein Beteiligter also. (2 Punkte)

Detektiv-Diplom

für ....

Na, wie viele Punkte hast du gesammelt?

12 – 16? Du hast Spürsinn und verstehst es, gut zu beobachten. Auf diese Fähigkeiten lässt sich aufbauen.
Bei etwas mehr Training sind noch bessere Ergebnisse von dir zu erwarten.
Du darfst dich **Spürnasen-Anwärter** nennen.

17 – 20? Du kannst messerscharf denken und deine Beobachtungsgabe ist überdurchschnittlich. Leider bist du manchmal noch etwas zu unkonzentriert. Lass dich also nicht ablenken und betrachte jeden Fall als deinen allerwichtigsten.
Du darfst dich **Spürnase** nennen.

Mehr als 21, vielleicht gar alle 27? Herzlichen Glückwunsch! Du bist ein Detektiv der Spitzenklasse. Wenn du weiterhin mit Lust, Laune und detektivischem Geschick bei der Sache bist, werden wir bestimmt noch viel von dir hören.
Du darfst dich **Super-Spürnase** nennen.

Ausgestellt von:
Maximilian Hell

Andreas Dierßen

Kalt erwischt

Einleitung

Dies sind Tina, Oliver und ihr Onkel Paul.

Tina und Oliver sind Geschwister – verstehen sich aber trotzdem prima – meistens jedenfalls. Tina ist eher forsch und impulsiv, hat eine rasche Auffassungsgabe, und ihre Neugierde siegt häufig über die Angst. Oliver hingegen ist ein ruhiger Denker, der sich nicht so schnell aus der Ruhe bringen lässt.

Ihr Onkel Paul hat einen aufregenden Beruf. Er schiebt aber auch ganz gerne mal eine ruhige Kugel. Die Geschwister haben keine große Mühe, ihn nicht nur zu einer Runde Eis zu überreden.

Zusammen sind sie ein T.O.P.-Team – T. für Tina, O. für Oliver, P. für Paul –, das begeistert jedem Rätsel nachspürt.

Sie stolpern geradezu in ihr erstes Abenteuer und sind schnell in einen mysteriösen Fall verwickelt.

Wenn du meinst, du kannst dich mit dem T.O.P.-Team messen, so schließ dich ihrem Abenteuer an.

Am Ende eines jeden Kapitels wird eine Frage gestellt. Hast du den Text gründlich gelesen und die Bilder genau betrachtet, so müsstest du dem Rätsel auf die Schliche kommen.

Aber Achtung: Manchmal musst du nicht nur pfiffig kombinieren, sondern dich auch gut erinnern können.

Für jede richtige Lösung gibt es dann zwei Punkte.

Solltest du nicht auf Anhieb die Frage beantworten können, so macht das gar nichts. Denn es gibt bei einigen Kapiteln einen kleinen Tipp. Wenn du die Frage dann beantworten kannst, bekommst du – hurra! – immerhin noch einen Punkt.

Kannst du die Frage dennoch nicht lösen, so erfährst du im nächsten Kapitel die Antwort. Dann gibt's aber keinen Punkt mehr.

Wenn das Abenteuer zu Ende ist, zählst du all deine Punkte zusammen. Dann kannst du auf Seite 203 nachsehen, wie clever du bist.

Na dann, viel Spaß!

Eine alte Bekannte

»Tina, Oliver! Kommt ihr jetzt endlich?!«, ruft Frau Larsen.

»Jaja, wir kommen schon!«

Die Geschwister reißen sich vom Schaufenster der Tierhandlung los und rennen ihrer Mutter hinterher.

Die wartet schon ungeduldig vor einem Hauseingang.

»Wo bleibt ihr denn schon wieder?«

»Och, wir haben nur ein paar Tiere angeguckt«, antwortet Oliver.

»Wir haben aber keine Zeit, uns was anzugucken.«

»Mama?«

»Ja, was denn, Tina?«

»Mama, kann ich eine Ratte haben?«, fragt Tina.

»Darüber müssen wir noch mal in Ruhe reden.«

»Wann?«

»Nach den Ferien«, schlägt ihre Mutter vor.

»Versprochen?«, fragt Tina. »Doppeltes Ehrenwort?«

»Versprochen«, seufzt Frau Larsen. »Doppeltes Ehrenwort.«

Sie sieht auf ihre Armbanduhr. »Jetzt liefere ich euch erst mal bei Onkel Paul ab und dann muss ich sehen, dass ich meinen Zug noch erwische.«

Unterdessen hat Frau Larsen nicht bemerkt, dass eine weißhaarige alte Frau neben ihr stehen geblieben ist und sie mustert.

»Wenn das man nicht die kleine Angelika Larsen ist.«

»Frau Lembke!« Frau Larsen scheint die alte Frau zu kennen. »Das freut mich aber. Wir haben uns ja eine halbe Ewigkeit nicht gesehen. Wie geht es Ihnen?«

»Ach, Angelika, Kind, muss ja, sag ich immer, nich, muss ja«, Frau Lembke schüttelt den Kopf. Dann lächelt sie Tina und Oliver an.

»Und ihr seid sicher Tina und Oliver?«

Die beiden nicken.

»Ihr seid aber groß geworden.«

Tina und Oliver nicken wieder und werfen sich einen genervten Blick zu.

Frau Lembke sieht die Koffer und die Rucksäcke.

»Und ihr seid am Verreisen, ihr drei?«

»Ich bin beruflich für eine Woche unterwegs«, erklärt Frau Larsen, »und so lange bleiben Tina und Oliver bei ihrem Onkel.«

»Bei dem Paul, Ihrem Bruder?« Frau Lembke runzelt die Stirn. »Na, ich weiß ja nicht. Die armen Kinder. Haben Sie sich das auch gut überlegt?«

»Ja, doch, eigentlich schon, ich ...«

»Ich will ja nicht anfangen, über ihn zu schimpfen, aber ...« Frau Lembke zeigt mit ihrem Handstock zum ersten Stock des Mietshauses hoch, vor dem sie stehen.

»Sehen Sie sich doch nur mal die Fenster an! Die müssten doch schon seit Monaten ganz dringend wieder mal geputzt werden. Das seh ich schon von hier unten. Und die Vorhänge ...«

Die alte Frau Lembke schüttelt wieder den Kopf.

»Und eine Frau hat er auch immer noch nicht gefunden. Und das in seinem Alter.«

Tinas und Olivers Mama lächelt.

»Ach, lassen Sie mal, Frau Lembke, Paul ist schon in Ordnung.«

»Nein, nein, sag mal nix, Angelika. Dein Herr Bruder, das mag ja sonst ein sehr netter Junge sein – und grüßt auch immer schön, wenn man ihn sieht, will ich ja gar nicht sagen, nich – aber dieser Beruf, den er sich da ausgesucht hat, also wirklich ...«

Frau Lembke schüttelt wieder ihren Kopf. »Wenn man das überhaupt einen Beruf nennen kann.«

Was für einen Beruf hat Onkel Paul?

Verstrubbelt und unrasiert

Oliver hat schon dreimal bei Onkel Paul, dem Privatdetektiv, geklingelt. Ohne Erfolg.

»Entweder pennt der noch oder er hat vergessen, dass ihr kommt – typisch!« Frau Larsen sieht wieder auf ihre Armbanduhr: »In zwanzig Minuten geht mein Zug – das gibt's doch wohl gar nicht!«

Sie schlägt mit der Faust gegen die Tür.

»Paul?! Paul, nun mach endlich die verdammte Tür auf!!«

Endlich ist aus der Wohnung ein »Komm ja schon, komm ja schon« zu hören. Ein paar Sekunden später geht die Tür auf.

»Da seid ihr ja endlich!« Onkel Paul grinst Tina und Oliver und seine Schwester Angelika aus seinem unrasierten Gesicht an.

Seiner Schwester ist aber nicht so sehr nach Grinsen zumute.

»Warum hat das denn

so lange gedauert?! Hast du etwa noch im Bett gelegen? Es ist fast Mittag!«

»Was du nur wieder denkst, Schwesterchen. Ich bin schon seit ... seit mindestens neun wach. Wusste ja schließlich, dass ihr kommt.«

»Und warum hat das denn so lange gedauert, bis du aufgemacht hast?«, will Tina wissen.

»Ach so, ja, weißt du ...«, ihr Onkel fährt sich durch sein verstrubbeltes Haar, »tjaaa ... also, ehrlich gesagt ... ich ... ich stand gerade unter der Dusche, als ihr geklingelt habt. Und da musste ich mich erst mal abtrocknen, und bis ich endlich meine Unterhose, die Hose und das T-Shirt angezogen hatte ...«

»Jaja, schon gut«, Frau Larsen hat es eilig. »Ich muss jetzt los, wenn ich meinen Zug noch erwischen will.«

Sie tätschelt Tina die Wange und wuschelt Oliver durchs Haar.

»Und dass ihr mir keinen Unsinn macht!«

»Nein, nein«, stöhnt Tina.

»Keine Angst«, beruhigt sie Oliver.

»Werd mir alle Mühe geben«, sagt Onkel Paul.

Tinas und Olivers Mama wirft ihm einen skeptischen Blick zu, verkneift sich aber eine passende Bemerkung. Sie schnappt sich ihr Gepäck und eilt mit einem »Tschüs, ihr drei!« die Treppe hinunter. Kurz darauf fällt die Haustür ins Schloss, dann ist es ruhig.

»Immer hektisch unterwegs, eure liebe Mutter.« Onkel Paul klatscht in die Hände. »So, ich würde vorschlagen, wir holen uns ein paar frische Brötchen vom Bäcker und frühstücken erst mal ordentlich.«

Das hört sich für die Geschwister nach einer guten Idee an.

»Aber vorher muss ich noch mal eben ins Bad, mich rasieren und so. Dauert keine fünf Minuten.«

Als Onkel Paul eine Viertelstunde später endlich fertig ist und sich in seinem Schlafzimmer die Schuhe zubindet, fällt Tina etwas auf.

»Onkel Paul?«

»Tina?«

»Onkel Paul, könnte es sein, dass du doch erst aufgestanden bist, als wir geklingelt haben?«

»Wie kommst du denn darauf?«

Ja, wie kommt Tina denn bloß darauf?

Tipp: Sieh dir Onkel Pauls Kleidung ein wenig näher an.

Die geheimnisvolle Klientin

»Du hast da unter der Hose noch deine Schlafanzughose an«, erklärt Tina und grinst frech.

»Oh, oh«, macht Onkel Paul und zieht sein rechtes Hosenbein noch ein wenig höher. »Tatsächlich, du hast Recht.«

Er hebt beide Arme in die Höhe: »Überführt. Ich ergebe mich.«

»Hahaaaa!!«, triumphiert Tina.

»Ich geb's zu, ich hab tatsächlich noch geschlafen, als ihr geklingelt habt.« Onkel Paul zuckt mit den Schultern. »Dann hab ich es in der Eile nicht mehr geschafft, die Schlafanzughose aus- und die Unterhose anzuziehen. Bin ich jetzt verhaftet?«

»Na ja«, Tina sieht zu ihrem Bruder. »Ich glaube, wir könnten noch mal Gnade vor Recht ergehen lassen. Oder was meinst du?«

Oliver nickt zustimmend: »Aber nur, wenn wir beide uns beim Bäcker noch irgendwas Süßes aussuchen dürfen.«

Onkel Paul seufzt.

»Wenn's denn sein muss.«

Wenig später sitzen die drei gemütlich in der Küche und frühstücken ausgiebig.

»Onkel Paul?«

»Tina?«

»Was machen wir eigentlich heute Nachmittag?«
»Ja, also, ich ...«
»Wir könnten ja ins Kino gehen«, schlägt Oliver vor.
»Ach, immer Kino.« Tina rümpft die Nase.
»Wenn du 'ne bessere Idee hast ...«, murrt ihr Bruder.
»Wie wär's denn mit Zirkus?«
»Ach, immer Zirkus«, echot Oliver.
»Oder in den Zoo?«, fragt Tina. »Da waren wir eine Ewigkeit nicht mehr.«
»Zoo find ich doof.«
»Und ich find Kino doof.«
»Selber doof!«
»Jedenfalls nicht so doof wie du!«, gibt Tina zurück.
»Kinder, Kinder!«, mischt sich Onkel Paul ein. »Bevor ihr euch großartig streitet – wir werden heute Nachmittag weder ins Kino gehen noch in den Zoo oder in den Zirkus.«

»Sondern?«, will Tina wissen.

»Ich hab um zwei einen dringenden Termin.« Onkel Paul nimmt einen Schluck Kaffee. »Beruflich. Eine berühmte weibliche Persönlichkeit – bekannt aus Film und Fernsehen – benötigt meine Dienste.«

»Eine berühmte weibliche Persönlichkeit?«, fragt Oliver.

Sein Onkel lehnt sich langsam zurück, verschränkt die Arme vor der Brust und lächelt: »Ich könnte euch ja sagen, wer sie ist, aber ...«

»Brauchst du gar nicht«, unterbricht Tina ihn. »Ich weiß nämlich schon längst, wer deine geheimnisvolle Klientin ist.«

»Aha«, macht Onkel Paul und sieht Tina an. »Da bin ich jetzt aber mal echt gespannt.«

Wer ist Onkel Pauls geheimnisvolle berühmte Klientin?

Tipp: Manchmal kürzt man Namen mit Anfangsbuchstaben ab.

Ein ungewöhnlicher Auftrag

Conny Fröhlich
der Star aus
Verliebt in die Liebe
ganz privat

Wenn ihre knappe Zeit es erlaubt, nimmt die beliebte Schauspielerin auch gerne mal ein gutes Buch zur Hand.

»Conny Fröhlich«, sagt Tina und lächelt.

Onkel Paul staunt.

»Aber woher ...«

»Woher ich das weiß?«, beendet Tina die Frage und rührt ihren Kakao um. »Ganz einfach: In deinem Terminkalender hast du für vierzehn Uhr heute die Buchstaben C. F. notiert. Und auf dem Hocker liegt eine Zeitschrift mit einem Artikel über Conny Fröhlich. Also«, sie nimmt einen Schluck Kakao, »ist deine berühmte Klientin niemand anderes als Conny Fröhlich, die Schauspielerin.«

Onkel Paul ist baff.

»Die Kandidatin hat zehn Punkte.«

»Und was krieg ich dafür?«, fragt Tina.

»Eine nigelnagelneue, jedenfalls sehr selten gebrauchte Kaffeemaschine?«, schlägt Onkel Paul vor.

»Kannst du behalten – aber dürfen wir mit zu Conny Fröhlich?«

»Das lässt sich machen.« Onkel Paul steht vom Tisch auf. »Ich muss nur noch eben meinen Stadtplan finden, dann kann's auch gleich losgehen.«

Der Stadtplan ist dann aber weder in der Flurkommode oder im Bücherregal noch zwischen den ganzen alten Zeitschriften. Onkel Paul will schon aufgeben, als er ihn schließlich im Badezimmerschrank entdeckt. Endlich kann es losgehen.

Nachdem die drei fünf Stationen mit der U-Bahn gefahren sind, müssen sie noch in den 112er-Bus umsteigen.

Dort vertieft sich Onkel Paul in den Stadtplan.

»Uwe-Dallmeyer-Weg, Uwe-Dallmeyer-Weg, wo ist denn ... ah, da ist er ja, hab ihn schon.« Er faltet den Stadtplan wieder zusammen. »Übernächste Haltestelle müssen wir raus.«

Als sie ausgestiegen sind, darf Onkel Paul erst mal eine Runde Eis spendieren.

»Was will Conny Fröhlich eigentlich von dir?«, fragt Tina, an ihrem Eis schleckend.

»Ach, sie moderiert nächste Woche die Verleihung des Goldenen Hannibals. Irgendein Filmpreis, ich kenn mich da auch nicht so genau aus. Jedenfalls braucht sie jemanden, der sie beschützt, so eine Art Bodyguard. Ist zwar nicht ganz mein Fachgebiet, aber was tut man nicht alles, um seine Frühstücksbrötchen zu finanzieren.«

Mit schnellen Schritten kommt ihnen ein Mann entgegen. Gehetzt schaut er sich um – und genau in dem Moment stößt er mit Tina zusammen.

Tina fällt unsanft hin und ihr Eis klatscht auf den Gehweg, aber der Mann kümmert sich nicht darum. Ohne sich noch einmal umzudrehen, hastet er weiter.

»Dieser Vollidiot!«, flucht Tina und rappelt sich wieder hoch.

Onkel Paul sieht dem Mann nach, der gerade hinter einer Straßenecke verschwindet. »Wo der wohl so schnell hinwill?«

»Keine Ahnung«, sagt Oliver. »Aber ich weiß, wo er gerade hergekommen ist.«

Woher kam der Mann?

Der Schrei

Oliver zeigt auf die Pfütze in der Einfahrt zu einer imposanten Villa.

»Da muss er reingetreten sein. Und dann führen seine Fußspuren direkt bis zu der Stelle, wo er Tina umgerannt hat.«

Tina blickt den Gehweg zurück.

»Ja, du hast Recht.«

Onkel Paul sieht zum Hausnummernschild, und seine linke Augenbraue zuckt leicht nach oben.

»Das hier ist ja die Nummer 26.«

»Ja, und?«, fragt Tina.

»Das ist die Villa von Conny Fröhlich.«

»Was der Kerl hier wohl gewollt hat?«

»Vielleicht ist er irgendein Reporter«, überlegt Tina, »oder so ein Paparazzo, der heimlich Fotos von Conny Fröhlich gemacht hat.«

»Mhm, kann sein.« Onkel Paul runzelt die Stirn.

»Wobei ... wie jemand von der Presse sah der nicht gerade aus.«

Sie gehen zur Villa hinüber und Oliver klingelt.

Es dauert eine Weile, bis eine ältere Frau öffnet.

»Ja, bitte?«

»Guten Tag, mein Name ist Paul Larsen, ich habe eine Verabredung mit ...«

In diesem Augenblick hören sie einen Schrei – den Schrei einer Frau!

Die Kinder und ihr Onkel stürmen in die Villa und jagen die Treppe hinauf. In der Bibliothek finden sie Conny Fröhlich, die aufgeregt auf das eingeschlagene Fenster zeigt und »Einbrecher, Einbrecher ...« stammelt.

Onkel Paul versucht, die Schauspielerin zu beruhigen, während die ältere Frau ihr ein Glas Wasser holt. In der Zwischenzeit sehen sich Tina und Oliver die Einbruchstelle näher an.

Langsam gewinnt Conny Fröhlich ihre Fassung wieder und der Privatdetektiv stellt sich vor.

»Oh, Herr Larsen, wie gut, dass Sie da sind.« Die Schauspielerin zeigt auf das eingeschlagene Fenster. »Sehen Sie, wie dringend ich einen Leibwächter brauche?«

Sie schenkt ihrem zukünftigen Bodyguard ein strahlendes Fernsehstarlächeln.

Dann nimmt die Schauspielerin Tina und Oliver wahr.

»Oh, Kinder?!«, fragt sie irritiert.

Onkel Paul stellt die beiden vor.

»Sehr erfreut«, sagt Conny Fröhlich kurz.

»Haben Sie eine Vermutung, was der Einbrecher gesucht haben könnte?«, fragt Onkel Paul.

»Keine Ahnung.« Ratlos zuckt sie mit den Schultern und sieht sich in der Bibliothek um. »Hier sind doch nur ... nur Bücher.«

»Glauben Sie, dass etwas gestohlen wurde?«

»Kann ich Ihnen nicht sagen.«

»Tja, hm«, murmelt Onkel Paul. »Ich glaube, wir sollten die Polizei rufen.«

»Ähem«, räusperte sich Tina, »Onkel Paul?«

»Ja, was denn, Tina?«

»Ich weiß, was der Einbrecher gestohlen hat.«

Was hat der Einbrecher gestohlen?

Tipp: Sieh dir den Zeitschriftenartikel in »Ein ungewöhnlicher Auftrag« (S. 136) noch einmal näher an.

Kein großer Verlust

»In dieser einen Zeitschrift war doch ein Foto von Ihnen«, erklärt Tina. »Da standen Sie auch hier in der Bibliothek.«

»Ach ja, in der *Fungirl* von letzter Woche«, erinnert sich die Schauspielerin.

»Genau.« Tina geht zum Fenster. »Und auf dem Foto hing hier neben dem Fenster ein Bild, und das ist jetzt nicht mehr da.«

Conny Fröhlich dämmert es.

»Ach, mein Gott, ja, dieser langweilige Kunstkram. Das Kind hat Recht. Das hat mir mein Verlobter Leonardo vor zwei Monaten für zehn Euro auf dem Altstadtflohmarkt gekauft. Ich habe sowieso nicht besonders viel davon gehalten, wenn ich ehrlich sein soll.«

Sie lacht. »Eigentlich sollte ich dem Dieb dankbar sein, dass ich nun endlich das schreckliche Ding los bin.«

»Ich wette, das war der Kerl, der Tina umgerannt hat!«, kombiniert Oliver.

Nun erinnert sich auch Tina.

»Hundertprozentig. Der hatte doch so eine Zeichenmappe unter den Arm geklemmt.«

»Genau. Da war garantiert das Bild drin.«

»Aber warum sollte ein Einbrecher ein Bild für zehn Euro stehlen?«, hakt Tina nach.

Ihr Bruder macht ein nachdenkliches Gesicht. »Vielleicht ist das ja ein ganz wertvolles Kunstwerk, ein verschollener Picasso oder so.«

»Ganz sicher nicht.« Conny Fröhlich schüttelt den Kopf. »Ein Freund von mir ist Kunstkritiker, und der hat nur gelacht, als ich ihm dieses bunte Machwerk gezeigt habe.«

Oliver bleibt hartnäckig. »Aber irgendeinen Grund muss es doch geben, dass der Dieb sich ausgerechnet dieses Bild geschnappt hat.«

Onkel Paul zuckt mit den Schultern. »Geschmacksverirrung?«

»Vielleicht weiß ja der Flohmarkthändler, der das Bild verkauft hat, irgendetwas«, überlegt Oliver.

»Ja, wir könnten ihn ja einfach mal fragen«, schlägt Tina eifrig vor. »Heute ist Altstadtflohmarkt, das habe ich auf einem Plakat gelesen.«

»Ich weiß nicht«, zögert Onkel Paul. »Ich müsste mit Frau Fröhlich eigentlich noch über die Filmpreisverleihung sprechen. Und ich habe, ehrlich gesagt, auch keine Lust, mich heute noch auf einem Flohmarkt herumzutreiben.«

»Dann gehen Oliver und ich eben alleine.« Tina sieht zu ihrem Bruder hinüber.

»Können wir, kein Problem«, stimmt Oliver ihr zu.

»Hm, hm, hm ...«, überlegt ihr Onkel und kaut auf der Unterlippe.

»Ach bitte, bitte, bitte!«, bettelt Tina.

»Lassen Sie die Kinder doch ruhig ein bisschen Detektiv spielen«, unterstützt Conny Fröhlich die Kinder.

»Ja, na ja, also gut, überredet.«

Onkel Paul gibt den beiden Geld für den Bus, eine Telefonkarte und seine Handynummer. »Ruft mich an, wenn ihr was rausgefunden habt. Und sagt mir noch Bescheid, wo wir uns nachher treffen wollen. Klar?«

»Klar«, sagt Tina.

»Absolut klar«, sagt Oliver.

Sie verabschieden sich von der Schauspielerin und kurz darauf sind sie mit dem 37er-Schnellbus unterwegs in die Altstadt.

Der Flohmarkt ist erheblich größer, als sie ihn in Erinnerung gehabt haben. Zudem hat Conny Fröhlich beim besten Willen nicht mehr gewusst, bei welchem Flohmarkthändler ihr Verlobter das grässliche Bild erstanden hat.

Tina und Oliver müssen fast eine Stunde suchen, aber dann finden sie endlich den richtigen Stand.

Wo befindet sich der Stand des Flohmarkthändlers?

Tipp: Wie sieht noch mal das Bild aus, das gestohlen wurde?

146

Ein ganz bestimmtes Bild

Neben Büchern, Geschirr, elektrischen Geräten und vielem mehr gibt es an dem Stand einen Karton mit Gemälden.

»Die sehen eigentlich alle ziemlich gleich aus«, stellt Tina beim Durchsehen der Gemälde fest.

»Ja, bis auf die Größe. Überall sind bunte Dreiecke drauf.«

»Genau wie auf dem Bild, das bei Conny Fröhlich gestohlen wurde«, erinnert sich Tina.

Der Flohmarkthändler gesellt sich zu ihnen.

»Na, Kinders, interessiert ihr euch für die Bilder?«

»Ein bisschen«, antwortet Oliver.

»Das ist richtig echte Kunst«, preist der Mann die Bilder an.

Da ist die Frau neben ihm aber ganz anderer Ansicht.
»Das ist Schrott und nichts weiter«, meint sie. »Kaum

bin ich mal zehn Minuten weg, schon lässt du dir von einem Weibsbild diesen Kunstkrempel andrehen.«

»Ich hab gedacht, die könnten was wert sein«, versucht sich der Mann zu verteidigen.

»Ach!« Die Frau macht ein abfällige Handbewegung. »Erzähl doch nichts. Du hast dich um den kleinen Finger wickeln lassen. Und jetzt sitzen wir auf dem Zeugs und werden es nicht mehr los.«

»Aber vorletzten Monat hab ich doch diesem Italiener eins für einen Zehner verkauft. Immerhin.« Der Flohmarkthändler zieht an seiner Zigarre. »Und letzte Woche hat sich dieser Heini mit diesem affigen Zopf für die Bilder interessiert.«

»Ach, der mit dem weißen Terrier, der partout nicht auf ihn hören wollte«, erinnert sich jetzt auch die Frau.

»›Aus, Micky!!‹, hat er immer gerufen, ›Aus!!‹ Aber die Töle hat nicht auf ihn gehört. Hat einfach weitergekläfft.« Der Händler lacht. »Junge, war der wütend. Von Kunst schien er aber Ahnung gehabt zu haben. Er hat die Bilder in den höchsten Tönen gelobt. Ich hätte ihm sicher eins angedreht. Aber der Idiot wollte ja unbedingt ein ganz Bestimmtes haben.«

»Ein ganz Bestimmtes?«, wundert sich Oliver.

»Ja, eins, das ungefähr so groß ist.«

Der Mann deutet ein Format an, das mehr als doppelt so groß ist wie gewöhnliches Briefpapier.

»So groß wie das Bild, das Sie diesem Italiener verkauft haben?«, fragt Tina.

»Jetzt, wo du es sagst.« Der Händler nickt. Er fixiert Tina mit einem halb zusammengekniffenen Auge.

»Woher weißt du das denn?«

»Ach, ich hab nur so geraten.«

»Nur so geraten, ah ja.« Der Flohmarkthändler spuckt ein paar Tabakkrümel auf den Boden. »Also, was ist nun, wollt ihr was kaufen oder nicht?«

»Wir überlegen noch«, weicht Oliver der Frage aus.

»Ja, ja, das kennen wir.«

»Wer war denn die Frau, die Ihnen die Bilder verkauft hat?«, fragt Oliver.

Aber das will der Händler nicht verraten.

»Betriebsgeheimnis«, grummelt er und kümmert sich dann um einen Mann, der wissen will, ob die angebotene Petroleumlampe noch funktioniert.

»Aber klar doch, der Herr, immer doch. Das funktioniert alles, was Sie hier stehen sehen. Zweihundertprozentig. Dafür leg ich die Hände meiner Frau ins Feuer, ha, ha, ha!«

Tina zieht Oliver vom Stand weg.

»Ich glaub, ich weiß, wer die Frau ist«, flüstert sie. »Und sogar, wo sie wohnt.«

Wer ist die Frau, die dem Flohmarkthändler die ganzen Bilder verkauft hat?

Tipp: Sieh dir den Karton, in dem die Bilder stehen, aufmerksam an.

Aus Not verkauft

Tina und Oliver haben Onkel Paul angerufen und stehen nun mit ihm vor der Hausnummer 37 in der Peter-Buck-Straße.

»Und ihr seid euch sicher, dass diese Yvonne Chevalier die Frau ist, die dem Flohmarkthändler die Bilder verkauft hat?«

»Ja. Auf der Rückseite eines der Bilder war ein rotes Herz gemalt und daneben stand: Für Yvonne«, erklärt Tina und fährt in einem Zug fort. »Und auf dem Karton mit den ganzen Bildern war ein Adressaufkleber: Yvonne Chevalier, Peter-Buck-Straße 37.«

Onkel Paul sieht an der Fassade der Nummer 37 hoch.

»Und ihr wollt jetzt, dass wir dieser Yvonne Chevalier einen Besuch abstatten und ihr ein paar knallharte Fragen stellen?«, fragt er zweifelnd.

Tina nickt: »Ja! Schließlich wollen wir wissen, von wem sie die Bilder hat, was an dem einen Bild so besonders sein könnte und so weiter.«

»Ich weiß nicht.« Onkel Paul ist unschlüssig und reibt sich sein Kinn. »Wollen wir nicht doch lieber ins Kino gehen? Oder in den Zirkus?«

Tina und Oliver schütteln energisch den Kopf.

Onkel Paul seufzt: »Naaa gut, wie ihr wollt – da bleibt mir wohl nichts anderes übrig!«

»Sie sind aber nicht vom Pizzablitz?«, fragt Yvonne Chevalier überrascht.

»Nein, mein Name ist Larsen, Paul Larsen. Ich bin Privatdetektiv.« Onkel Paul gibt ihr seine Karte. »Und das sind meine Nichte Tina und mein Neffe Oliver.«

»Und was wollen Sie?«

»Wir hätten da ein paar Fragen an Sie.«

»Was für Fragen denn?«

»Ja, also ...«

»Dürfen wir reinkommen?«, fragt Oliver.

Yvonne Chevalier überlegt kurz. »Ja, na gut.«

Sie führt die drei ins Wohnzimmer, setzt sich aufs Sofa und sieht Onkel Paul fragend an. »Also?«

»Sie haben vor einigen Monaten einen großen Karton mit Gemälden an einen Flohmarkthändler verkauft.«

»Ach, Sie interessieren sich für Waldos Bilder?«

»Waldo?«, fragt Oliver.

»Ja, Waldo Klötzer. Wir haben damals, als er die ganzen Bilder gemalt hat, zusammengelebt. Waldo musste dann ...« Sie zögert kurz. »Waldo hat mich dann verlassen. Nur seine Bilder hat er hiergelassen. Als mir die Bank letztes Jahr mein Konto sperrte, blieb mir nichts anderes übrig, als die Bilder zu verkaufen. Ich konnte ja nicht ahnen ...«

Mitten im Satz hält Yvonne Chevalier inne. Misstrauisch mustert sie Onkel Paul. »Warum interessiert Sie das überhaupt?«

Onkel Paul überhört die Frage. »Wo hält sich denn Waldo Klötzer im Moment auf?«

Yvonne Chevalier fährt sich nervös durch die Haare. »Von dem hab ich nie wieder was gehört. Ich weiß wirklich nicht, wo er steckt, und ich möchte auch nichts mehr mit ihm zu tun haben. Wenn Sie mich nun bitte entschuldigen, ich habe heute Abend noch eine ... eine wichtige Verabredung.«

Sie erhebt sich von ihrem Platz und die drei verabschieden sich.

»Ich wette, Yvonne Chevalier hat doch noch Kontakt zu diesem Waldo Klötzer«, vermutet Oliver, als sie wieder auf der Straße stehen. »Und ich wette auch, dass er der Mann ist, der sich letzte Woche auf dem Flohmarkt für ein ganz bestimmtes Bild interessiert hat.«

Wie kommt Oliver zu dieser Vermutung?

Tipp: Lies noch einmal, was der Flohmarkthändler alles von dem Mann erzählt hat, der sich für ein ganz bestimmtes Bild interessiert hat.

Die verfolgte Unschuld

»Der weiße Terrier von Yvonne Chevalier«, sagt Oliver, »ich möchte wetten, dass der Micky heißt.«

»Wieso?«, fragt Tina.

»Wegen diesem Micky-Maus-Poster an der Wand.«

»Ja, und?« Tina versteht noch nicht ganz.

»Der Mann, der auf dem Flohmarkt nach dem Bild gefragt hat, der hatte einen weißen Terrier bei sich.«

»Ach ja, genau. Und den hat er Micky genannt«, erinnert sich nun auch Tina. »Du glaubst also, das war Waldo Klötzer? Mit dem Hund von Yvonne Chevalier?«

Oliver nickt. »Ich wette, Waldo Klötzer hat letzte Woche genau das Bild gesucht, das Leonardo seiner Verlobten Conny Fröhlich vor zwei Monaten gekauft hat. Und das ihr heute gestohlen wurde.«

»Seltsam, sehr seltsam«, sagt Onkel Paul nachdenklich. »Warum sollte sich dieser Künstler Klötzer so sehr für ein ganz bestimmtes seiner alten Bilder interessieren?«

Das können sich Tina und Oliver auch nicht erklären.

Dann enteckt Oliver schräg gegenüber etwas, das seine Aufmerksamkeit erregt.

»Onkel Paul?«

»Oliver?«

»Weißt du, was?«

»Noch nicht.«

»Ich hab Hunger!«

»Ich auch!« Tina sieht ihren Onkel mit theatralischer Leidensmiene an. »Mir ist schon ganz flau im Magen.«

»Ja, gibt's denn so was! Zwei Kinder, die Hunger haben.« Onkel Paul denkt anscheinend angestrengt nach. »Hm, was machen wir denn da?«

»Wir könnten da drüben in den Imbiss gehen und einen Hamburger essen«, schlägt Oliver vor.

»Außergewöhnliche Idee«, findet sein Onkel und schmunzelt. »Na, also gut. Ich könnte jetzt auch ein aufmunterndes Getränk vertragen.«

Kurz darauf sitzen die drei in »Hackis Imbiss«. Während Tina und Oliver ihre Hamburger und Pommes frites verdrücken, rührt Onkel Paul in seinem Kaffee und sieht gedankenverloren aus dem Fenster.

»Na, wen haben wir denn da?«, fragt er auf einmal. Und bevor Tina und Oliver noch groß fragen können,

sehen auch sie auf der anderen Straßenseite Yvonne Chevalier mit ihrem Terrier vorbeigehen.

»Wo die wohl hinwill?«, rätselt Oliver.

»Das lässt sich leicht feststellen. Nichts wie hinterher!« Onkel Paul zahlt und sie eilen hinaus.

Sie folgen der jungen Frau zum Bahnhofsviertel. Gerade ist sie um eine Straßenecke verschwunden, da torkelt ein Betrunkener auf Onkel Paul zu.

»Hassu mal 'ne Zigarette, Chef?«

»Nichtraucher«, versucht Paul, den Mann abzuwehren.

Aber der lässt nicht locker.

»Oder ihr sswei, habt ihr mal 'n Lolli?«

Tina und Oliver schütteln den Kopf.

Daraufhin macht der Mann ein trotziges Gesicht und breitet die Arme aus.

»Denn lass ich euch nicht durch.«

Onkel Paul schiebt ihn zur Seite und endlich gelingt es ihnen, den Betrunkenen loszuwerden. Aber als sie ebenfalls um die Straßenecke biegen, ist Yvonne Chevalier wie vom Erdboden verschluckt.

Wo ist Yvonne Chevalier?

Tipp: Schau dir das Bild noch einmal an, als die drei plötzlich Yvonne Chevalier vor Hackis Imbiss sahen.

Der Künstler höchstpersönlich

Im letzten Moment hat Oliver noch gesehen, wie Yvonne Chevaliers weißer Terrier im Eingang eines etwas heruntergekommenen Hotels am Ende der Straße verschwunden ist.

Der Portier kann sich angeblich so gar nicht an eine blond gelockte Frau erinnern, die in den letzten Minuten das Hotel betreten haben soll. Erst als Onkel Paul seinem Erinnerungsvermögen mit einem Geldschein auf die Sprünge hilft, klickt es.

»Ach so, die Süße mit dem kleinen Kläffer meinen Sie. Sagen Sie das doch gleich. Die hat nach Herrn Klötzer gefragt.«

»Zimmernummer?«, fragt Onkel Paul.

Der Portier greift sich an die Stirn. »Eben hab ich's noch gewusst.«

Einen weiteren Geldschein später ist ihm die Zimmernummer dann zufälligerweise wieder in den Sinn gekommen: 37.

Mit dem quietschenden und ruckelnden Fahrstuhl fahren Tina, Oliver und Onkel Paul in den dritten Stock. Das Zimmer von Waldo Klötzer liegt am Ende des Flurs. Tina klopft.

Es dauert eine Weile, bis ein Mann mit Pferdeschwanz die Tür öffnet.

»Ja?«

»Herr Klötzer?«, fragt Onkel Paul.

Noch bevor der Mann antworten kann, ist aus dem Zimmer die Stimme einer Frau zu hören: »Wer ist es denn, Waldo-Schatz?«

Waldo Klötzer verzieht genervt das Gesicht.

»Was wollen Sie?«, fährt er Onkel Paul an.

Der bleibt ganz ruhig. »Dürfen wir einen Moment reinkommen?«

»Wenn's sein muss.«

Yvonne Chevalier schreckt vom Bett hoch, als sie sieht, wer ins Hotelzimmer kommt.

»Das sind die drei. Die waren vorhin bei mir. Sie müssen mir gefolgt sein!«

»Ach, was du nicht sagst«, knurrt Waldo Klötzer und sieht dann Onkel Paul unter zusammengezogenen Augenbrauen misstrauisch an.

»Also, was wollen Sie?«

»Ihnen ein paar Fragen stellen.«

»Wie originell!«

Waldo Klötzer mustert Tina und Oliver. »Müssten die Gören nicht längst im Bett sein?«

Tina sieht ihn böse an: »Wir sind keine Gören!«

Waldo Klötzer grinst.

»Sie waren nicht zufällig letzte Woche auf dem Altstadtflohmarkt und haben nach einem Ihrer alten Bilder gesucht?«, fragt ihn Onkel Paul.

Waldo Klötzers Miene verfinstert sich.

»Wüsste nicht, was Sie das angeht.«

»Ist nur so eine Frage.«

Onkel Paul sieht sich das Bild an, das Klötzer gerade gemalt hat.

»Sehr hübsch – ach ja, was mich noch interessieren würde: Sie sind nicht zufällig gestern bei Conny Fröhlich eingebrochen und haben ...«

»Jetzt reicht's aber!«, unterbricht ihn Waldo Klötzer wütend. »Das ist ja wohl die Höhe! Machen Sie, dass Sie rauskommen, bevor ich handgreiflich werde! Und vergessen Sie Ihre beiden Blagen nicht!«

Tina, Oliver und Onkel Paul treten den Rückzug an. Aber Oliver ist sich sicher, dass niemand anderes als Waldo Klötzer der Dieb des Bildes ist.

Warum ist sich Oliver so sicher?

Tipp: Sieh in »Ein ungewöhnlicher Auftrag« (S. 136) noch mal nach, was der Mann bei sich trug, als er Tina umrannte.

Nachforschungen im Internet

»Erinnerst du dich noch an den Mann, der dich umgerannt hat, als wir auf dem Weg zu Conny Fröhlich waren?«, fragt Oliver seine Schwester, als sie das Hotel wieder verlassen.

Tina nickt.

»Der hatte doch so eine Zeichenmappe bei sich. Und genau so eine Zeichenmappe lehnte hinten beim Schrank an der Wand.«

»Und auf dem Bett lag außerdem die letzte *Fungirl* mit dem Artikel über Conny Fröhlich«, sagt Onkel Paul.

»Alles klar!«, ruft Tina. »Daher wusste Waldo Klötzer, dass das Bild, das er auf dem Flohmarkt gesucht hat, in der Bibliothek von Conny Fröhlich hing.«

»Aber trotzdem, warum sollte er eines seiner alten wertlosen Bilder klauen? Das versteh ich immer noch nicht. Das ergibt doch keinen Sinn!« Ihr Onkel kratzt sich am Hinterkopf. »Ich glaube, wir müssen mehr über diesen Waldo Klötzer herausfinden.«

Er sieht auf seine Uhr.

»Aber das hat auch noch Zeit bis morgen. Jetzt fahren wir erst mal nach Hause und machen uns Abendbrot.«

»Wir können uns auch drei Pizzen bestellen«, schlägt Tina vor. »Und Eis zum Nachtisch.«

»Und uns vorher noch eine DVD ausleihen«, meint Oliver. »Oder zwei.«

»Oh, Mann«, stöhnt Onkel Paul. »Das volle Programm also?«
»Das volle Programm!«, rufen die Geschwister.

Am nächsten Vormittag setzt sich Oliver an Onkel Pauls Computer, um im Internet Informationen über Waldo Klötzer zu suchen.

»Ich hab's!«, triumphiert Oliver nach einer Weile. Tina und Onkel Paul kommen zu ihm hinüber.
»Was hast du?«, fragt Tina.
»Der große Don-Lüllau-Kunstraub«, antwortet Oliver und fährt dann fort: »Waldo Klötzer ist vor ein paar Jahren mit fünf anderen Gaunern in das Kunstmuseum eingebrochen. Und da haben sie sechs Bilder des weltberühmten Popart-Künstlers Don Lüllau gestohlen.«
»Oho«, staunt sein Onkel. »Ein richtig schwerer Junge, unser Herr Klötzer.«

Oliver nickt. »Die Bande ist kurz darauf geschnappt worden und zu acht Jahren Gefängnis verurteilt worden. Bis auf Waldo Klötzer, der hat nur drei Jahre bekommen.«

»Und was ist mit den Bildern?«, will Tina wissen.

»Fünf davon hatte die Bande noch bei sich, das sechste ist bis heute nicht wieder aufgetaucht.«

Oliver sieht sich die Blätter an, die der Drucker ausspuckt. Auf sechs Blättern sind die Gemälde abgebildet, die die Kunstdiebe aus dem Museum gestohlen hatten. Das letzte Blatt zeigt ein Pressefoto, das nach dem Wiederauffinden der Beute im Polizeipräsidium gemacht wurde.

»Und welches von den Bildern ist nicht wieder aufgetaucht?«, fragt Onkel Paul seinen Neffen.

»Hab ich noch nicht herausgefunden«, antwortet Oliver.

Welches Bild ist seit dem großen Don-Lüllau-Kunstraub nicht wieder aufgetaucht?

Dem Künstler auf der Spur

»Das Gemälde auf dem dritten Blatt fehlt«, sagt Oliver.

»Mmh, stimmt.« Onkel Paul macht ein nachdenkliches Gesicht. »Ist euch aufgefallen, dass die Gemälde aus dem Museum genauso groß sind wie das Bild, das bei Conny Fröhlich gestohlen wurde?«

»Ja, und?«, fragt Tina.

»Ich hab mal gelesen, dass man Gemälde mit deckender Wasserfarbe übermalen kann. Auf diese Art kann ein wertvolles Gemälde ganz einfach als irgendein billiges Bild getarnt werden. Die Wasserfarbe wird dann irgendwann später mit einem nassen Lappen wieder heruntergewischt. Und – voilà! – schon hat man das wertvolle Gemälde vor sich.«

»Du meinst ...« Tina hält den Atem an.

»Was wäre«, fährt Onkel Paul fort, »wenn das nicht wieder aufgetauchte Gemälde Waldo Klötzers Anteil an dem Kunstraub ist? Und wenn er es dann mit deckender Wasserfarbe als eines seiner eigenen Bilder getarnt hätte? Dann ist er zusammen mit den anderen verhaftet worden und das getarnte Don-Lüllau-Gemälde stand zusammen mit den anderen wertlosen Bildern von Waldo Klötzer bei Yvonne Chevalier herum.«

»Und Yvonne Chevalier hatte keine Ahnung davon?«, fragt Tina.

»Sonst hätte sie die Bilder ja wohl kaum diesem Flohmarkthändler verkauft.«

Onkel Paul nickt gedankenversunken. »Dann wurde Waldo Klötzer aus der Haft entlassen. Yvonne Chevalier hatte seine Bilder – und somit auch das getarnte wertvolle Gemälde – inzwischen verkauft. Klötzer suchte auf dem Altstadtflohmarkt nach diesem einen bestimmten Bild. Der Händler hatte es aber schon an Conny Fröhlichs Verlobten Leonardo weiterverkauft. Dann sah Waldo Klötzer das Bild zufällig in der *Fungirl*. Es hing in Conny Fröhlichs Bibliothek. Gestern ist er dann bei ihr eingebrochen und hat es wieder in seinen Besitz gebracht.«

»Was glaubst du, was er damit vorhat?«, fragt Oliver.

»Ich schätze, er wird es möglichst schnell unter der Hand verkaufen wollen.«

Ihr Onkel macht ein nachdenkliches Gesicht. »Ich glaube, wir sollten langsam mal die Polizei informieren.«

»Ach, das können wir doch immer noch«, wehrt Tina ab. »Wie wäre es denn, wenn wir Waldo Klötzer beschatten und herausfinden, was er unternimmt?«

Onkel Paul ist nicht so richtig überzeugt. »Ich weiß ja nicht.«

Aber Oliver unterstützt seine Schwester. »Wenn wir nichts weiter rauskriegen, können wir ja immer noch zur Polizei gehen. Und außerdem ist es doch auch dein Beruf.«

»Jetzt sind wir schon so weit gekommen, warum sollten wir es nicht alleine weiterschaffen? Ach, Onkel Paul, biiiiitte!«, bettelt Tina.

»Naaaa gut.« Onkel Paul gibt sich wieder geschlagen.

Als die drei gerade in die Straße zu Waldo Klötzers Hotel einbiegen, kommt ihnen der Künstler mit einem Paket unter dem Arm entgegen.

Gerade noch rechtzeitig können sie sich in den Eingang einer Kneipe retten.

Dann folgen sie Waldo Klötzer bis hinunter zu den Gleisen einer U-Bahn-Station. Als die U-Bahn einfährt, verlieren sie in dem Menschengewimmel Waldo Klötzer aus den Augen.

Als sie den Bahnhof wieder einigermaßen überblicken können, ist von dem Künstler weit und breit nichts mehr zu sehen.

Oder doch?

Wo steckt Waldo Klötzer?

Tipp: Was hat Waldo Klötzer bei sich?

Tauschgeschäft

Gerade noch sieht Oliver, wie das Paket von Waldo Klötzer im letzten Waggon verschwindet.

In allerletzter Sekunde springen die drei in die abfahrbereite U-Bahn, da klacken auch schon die Türen zusammen.

Fünf Stationen später steigt Waldo Klötzer aus und mit ihm auch seine drei Verfolger.

Die bleiben ihm dicht auf den Fersen, bis er schließlich in einer neumodischen Kneipe namens »Koppheister« verschwindet.

»Und nun?«, fragt Paul. »Gehen wir auch rein?«

»Und wenn er uns sieht?« Tina schüttelt den Kopf.

»Vielleicht finden wir ein Fenster, von dem wir Waldo Klötzer gut beobachten können«, schlägt Onkel Paul vor.

Durch die Fenster zur Straßenseite können sie ihn nicht sehen.

Onkel Paul überlegt gerade, ob sie sich nicht doch in die Kneipe wagen sollen, als Oliver eine unverschlossene Eisentür entdeckt, die zu einem kleinen Hinterhof führt. Dort sehen die drei ein Fenster, das offensichtlich zur Gaststube gehört. Es liegt allerdings so hoch, dass nicht einmal Paul groß genug ist, um hindurchsehen zu können.

»Vielleicht sehe ich etwas, wenn ich auf deine Schultern steige«, schlägt er Tina vor.

172

»Aber ...« Für einen Augenblick glaubt Tina, dass Onkel Paul es ernst meint. Dann sieht sie sein Grinsen.

»Ha, ha, ha. Wirklich witzig.« Schließlich ist sie es, die auf die Schultern ihres Onkels steigt.

»Und, siehst du ihn?«, fragt Oliver.

»Warte mal – ganz schön was los da drin – ja, da hinten, jetzt seh ich ihn. An einem Tisch. Ganz allein.«

»Und das Paket?«

»Liegt neben ihm auf einem Stuhl.«

In diesem Moment stellt sich innen ein Pärchen ans Fenster und versperrt Tina den Blick auf Waldo Klötzer.

»Nicht doch!«, ärgert sich Tina. »Weg da, weg da!!«

Aber die beiden hören sie natürlich nicht.

»Onkel Paul, heb mich höher!«

Ihr Onkel ächzt und hebt Tina ein Stück höher, aber sie sieht immer noch nichts.

Es dauert fünf lange Minuten, bis Tina wieder freien Blick auf Waldo Klötzers Tisch hat.

»Und?«, fragt Oliver. »Er sitzt immer noch alleine da.«

»Und das Paket?«, will Onkel Paul wissen.

»Ist weg.«

»Mist!«

»Aber dafür hat er jetzt einen grauen Aktenkoffer«, sagt Tina.

»Da ist hundertprozentig das Geld für das Bild drin«, vermutet Oliver.

»Anzunehmen«, stimmt ihm Onkel Paul zu. »Aber wer hat jetzt das Bild?«

»Ich glaub, ich weiß es«, sagt Tina.

Wer hat jetzt das Paket mit dem Bild?

Ein teurer Tipp

Etwas wacklig geht Onkel Paul in die Knie und Tina springt auf den Boden.

»Ein Mann in einem gestreiften Anzug hatte vor der Übergabe den Aktenkoffer, den Waldo Klötzer jetzt hat. Und eben habe ich noch gesehen, wie er zur Vordertür raus ist. Mit dem Paket.«

»Nach vorne zum Eingang!«, ruft Oliver. »Vielleicht erwischen wir ihn noch!«

Die drei rennen zum Eingang der Kneipe, aber der Mann in dem gestreiften Anzug ist schon verschwunden.

»Wo ist er?« Onkel Paul sieht rechts und links die Straße hinunter.

»Suchen Sie jemanden?«, fragt in diesem Augenblick ein Mann, der lässig an einer Straßenlaterne lehnt.

»Haben Sie gerade jemanden hier rauskommen sehen?«, fragt ihn Oliver.

»Den Typ mit dem Paket?«

»Ja, ja!« Tina ist ganz aufgeregt.

»Was ist denn mit dem?«

»Wohin ging er?«, drängelt Onkel Paul.

Der Mann schiebt seinen Hut ein wenig nach hinten und betrachtet seine Fingernägel.

»Haben Sie mal einen Zehner für die U-Bahn? Ich bin ein bisschen knapp bei Kasse. Meine Aktien machen gerade 'ne schwere Zeit durch, wissen Sie? Der Dollarkurs, der Dow-Jones-Index ...«

Onkel Pauls Gesicht verfinstert sich, aber er hat verstanden.

Hektisch fummelt er einen Zwanziger aus seiner Hosentasche.

»Hier! Kleiner hab ich's nicht.«

Der Mann nimmt den Schein und hält ihn prüfend gegen das Licht der Straßenlaterne.

»Ich kann leider nicht rausgeben.«

»Schon gut«, brummt Paul. »Der Rest gehört Ihnen.«

»Zu gütig.« Der Mann steckt das Geld in seine Jackentasche.

»Also, wo ist er denn nun langgegangen?«, fragt ihn Tina.

»Wer?«

Onkel Paul sieht aus, als ob er den Typen gleich erwürgen würde.

»Der Mann mit dem Paket!«

»Ach, der! Der ist zu dem Parkplatz da vorne, glaub ich.«

Tina, Oliver und Onkel Paul sprinten sofort los und haben gerade die Ausfahrt erreicht, als ein Auto den Parkplatz verlässt.

Gleich darauf noch eins.

Und dann noch ein drittes.

In einem dieser Autos muss der Mann sitzen, der jetzt den wertvollen Don Lüllau besitzt.

Aber in welchem?

Kommissar Tappke greift ein

»Im zweiten Wagen?«, fragt Oliver seine Schwester. »Bist du dir sicher?«

»Klar. Der Fahrer hat genau das Gesichtsprofil wie der Mann in dem blauen Anzug.«

»Mist!«, flucht Onkel Paul. »Das Nummernschild konnte man nicht lesen.«

Enttäuscht schlendern sie zum »Koppheister« zurück. Waldo Klötzer ist natürlich inzwischen verschwunden. Keiner der drei weiß so recht weiter.

»Ich glaube, jetzt wird es doch langsam Zeit, die Polizei einzuschalten«, sagt Onkel Paul. »Ich kenne da zufällig jemanden, einen Kommissar Tappke.«

»Ein Freund von dir?«, fragt Tina.

»Na ja. Sozusagen.«

Der sozusagene Freund von Onkel Paul, Kommissar Tappke, ist nicht gerade begeistert, als die drei in seinem Büro auftauchen.

»Paul Larsen«, begrüßt er den Privatdetektiv, ohne von seinem Schreibtisch aufzustehen. »Was willst du?«

»Ich hab was für dich.«

»Das ist ja mal was ganz Neues.«

Kommissar Tappke mustert Tina und Oliver.

»Deine?«, fragt er Onkel Paul.

»Wo denkst du hin? Tina, meine Nichte, und Oliver, mein Neffe.«

Tappke nickt den beiden zu und wendet sich wieder an Paul: »Also, dann schieß mal los. Was hast du mir denn Interessantes zu bieten?«

Der erzählt ihm von den Nachforschungen: der Bilderdiebstahl bei Conny Fröhlich – Yvonne Chevalier und Waldo Klötzer – der große Don-Lüllau-Kunstraub – das nie wieder aufgetauchte Bild – Klötzer und das Paket – die Übergabe des Pakets im Lokal – der Aktenkoffer – der Mann in dem blauen Anzug.

»Hm, hm, hm«, macht Kommissar Tappke, als Onkel Paul endet. »Das ist ja eine wilde Räuberpistole.«

»Glauben Sie uns etwa nicht?«, fragt Tina empört.

»Doch, ich glaube euch. Tatsächlich. Das klingt alles ganz plausibel.« Tappke erhebt sich schwerfällig von seinem Drehstuhl und schnappt sich sein Jackett.

»Und deshalb werde ich diesem Waldo Klötzer mal ein wenig auf den Zahn fühlen.«

Tina und Oliver überreden Onkel Paul und den Kommissar, dass sie – ausnahmsweise – mitkommen dürfen.

Im Polizeiwagen geht es zum Hotel von Waldo Klötzer. Der ist sichtlich überrascht, als die drei erneut vor seiner Tür stehen – und dann auch noch in Begleitung eines Kommissars.

Aber mit dem Diebstahl bei Conny Fröhlich hat er natürlich immer noch nichts zu tun. Und dass er das nie wieder aufgetauchte Don-Lüllau-Bild gestern Abend im »Koppheister« an einen Mann übergeben haben sollte ...

»Absolut lächerlich!«, entrüstet er sich. »Ich habe da nur gesessen und in aller Ruhe eine Cola getrunken.«

»Ja, ja«, brummt der Kommissar. »Und den Aktenkoffer, in dem ja wohl das Geld für das Bild ist, den haben Sie natürlich auch nicht.«

»Aktenkoffer? Geld?« Waldo Klötzer gibt sich völlig ahnungslos. »Ich weiß gar nicht, wovon Sie reden.«

»Davon!« Tina zeigt auf den grauen Aktenkoffer, der hinter dem Sessel steht.

Waldo Klötzer sieht Tina böse an.

»Aufmachen!«, befiehlt Kommissar Tappke.

Widerwillig kommt Waldo Klötzer der Aufforderung nach. Aber ...

»Leer!« Tina kann es nicht glauben.

Der Maler grinst den Kommissar triumphierend an.

»Wie ich bereits sagte: Ich bin unschuldig.«

Im selben Moment entdeckt Oliver etwas, das dem Künstler seine gute Laune gründlich verdirbt.

Was hat Oliver entdeckt?

Auf der Flucht

»Das ist ja wohl ...«

Kommissar Tappke staunt nicht schlecht, als Oliver ihm das Kopfkissen mit der Geldscheinfüllung präsentiert. Gerade will er Waldo Klötzer für verhaftet erklären, als dieser auf einmal eine Pistole in der Hand hält.

»Verdammte Kinder! Her damit!«, knurrt Klötzer Oliver an und entreißt ihm das Kissen.

Er hält die Kinder, Onkel Paul und den Kommissar mit der Pistole in Schach und bewegt sich rückwärts zur Tür.

»Keine Fisimatenten, sonst knallt's!«, droht er.

Der Künstler ist blitzschnell auf dem Hotelflur, zieht die Tür hinter sich zu und schließt ab.

Kommissar Tappke wartet ein paar Sekunden, bis er sich sicher sein kann, dass Waldo Klötzer außer Hörweite ist.

Dann versucht er – »Aus dem Weg!« –, die Tür mit der Wucht seines Körpers einzurammen. Aber die ist wesentlich stabiler, als sie aussieht.

Kommissar Tappke reibt sich seine schmerzende Schulter.

»Klappt im Fernsehen immer.«

Onkel Paul holt einen kleinen Dietrich hervor.

»Lass mich mal.«

Keine Minute später hat er das Türschloss geknackt.

»Machst du so was öfter?«, fragt ihn Tappke.

»Nur in meiner Freizeit«, antwortet Onkel Paul. »Wieso?«

»Das ist eigentlich illegal.«

»Willst du mich verhaften?«

»Dafür hab ich jetzt keine Zeit.«

Die vier hetzen den Hotelflur entlang, die Treppen hinunter, durch das Hotelfoyer bis auf die Straße, allen voran der Kommissar.

Aber als sie aus dem Hotel stürmen, ist es zu spät.

Sie sehen sich in alle Richtungen um, aber kein Waldo Klötzer weit und breit.

»Entwischt«, stellt Oliver fest.

»Diese miese kleine Ratte!«, flucht Kommissar Tappke und wirft vor Wut seinen Hut auf den Bürgersteig.

Aber so schnell gibt Tina nicht auf.

»Los, wir trennen uns! Jeder sieht in einer anderen Straße nach. Vielleicht erwischen wir ihn doch noch irgendwo.«

Kommissar Tappke versucht zu protestieren. »Also, eigentlich bin ich ja hier für die Befehle zuständig ...«

Dann überlegt er es sich aber doch anders, schnappt sich seinen Hut und rennt zur nächsten Straßenecke.

Während Tina und Onkel Paul zusammenbleiben, läuft Oliver in die andere Richtung, um dort nach Waldo Klötzer zu suchen.

Kurz darauf hat einer der vier tatsächlich einen Hinweis entdeckt, der verrät, wo der Künstler langgelaufen ist.

Welchen Weg hat Waldo Klötzer genommen?

Tipp: Geld macht nicht glücklich.

Wie im Fernsehen

In der Sackgasse hat Oliver auf dem Bürgersteig zwei Geldscheine liegen sehen, die Waldo Klötzer verloren haben muss. Er hastet mit Tina und Onkel Paul dem Kommissar hinterher, die Straße entlang, bis sie an einen kleinen Platz kommen.

Dort hat sich eine kleine Menschenmenge versammelt und scheint irgendetwas Interessantes zu beobachten. Als sich die vier endlich durchgeschoben haben, sehen sie ein Fernsehteam bei den Aufnahmen.

Der Regisseur gibt den Schauspielern gerade Anweisungen und klärt mit ihnen letzte Fragen. Dann geht er aus dem Bild.

»Alles auf die Plätze!«, ruft der Regisseur.

»Kamera?«

»Kamera läuft«, antwortet der Kameramann.

»Ton?«

»Ton läuft«, antwortet der Tonmeister.

Eine junge Frau hält eine Filmklappe vor die Kamera, klappt sie mit einem »Klack!« zusammen und sagt: »Wenn das Leben zur Hölle wird, Szene 23, die Erste.«

»Dann – bitte!«, ruft der Regisseur.

Die Schauspieler spielen ihre Rollen. Doch Kommissar Tappke kümmert sich nicht darum.

»Sieht irgendjemand von euch Waldo Klötzer?«, fragt er.

Oliver und Onkel Paul schütteln die Köpfe.

Da spricht Tina eine Frau mit einer Einkaufstasche an: »Haben Sie zufällig einen Mann mit einem Kissen gesehen?«

Die Frau überlegt kurz. »Vor ein paar Minuten ist jemand um den Wohnwagen da vorne rumgeschlichen. Kam mir gleich verdächtig vor, der Typ. Hat der irgendwas angestellt?«

Aber die vier hören ihre Frage schon gar nicht mehr. Sie sind bereits am Wohnwagen. Der gehört offensichtlich zu dem Fernsehteam, denn neben der Tür klebt ein Pappschild: Maske – Kostüme.

Kommissar Tappke zieht seine Dienstwaffe, holt tief Luft und stürmt ins Innere. Kurz darauf erscheint er wieder in der Tür.

»Verdammt!«, flucht er. »Kein Klötzer. Nur jede Menge Kostüme und Schminksachen.«

»Darf ich auch mal sehen?«, fragt Tina und schlängelt sich schon am Kommissar vorbei in den Wohnwagen hinein.

Mit einem »Hey!« hüpft sie kurz darauf wieder hinaus. In der Hand hält sie ein Hemd und eine Hose.

»Das sind ja Waldo Klötzers!«, stellt Oliver sofort fest.

»Ja, genau. Und das bedeutet ...«

»Das bedeutet«, unterbricht der Kommissar Tina, »dass der verdammte Mistkerl sich verkleidet hat.«

Onkel Paul nickt. »Ja, fragt sich nur, als was.«

Sie lassen ihre Blicke über den Platz schweifen. Auf einmal schmunzelt Tina.

»Das ist ja dreist.«

»Was ist dreist?«, will Kommissar Tappke wissen.

Als was hat sich Waldo Klötzer verkleidet?

Inkognito

»Das ist wohl die Höhe!« Kommissar Tappke kann sich gar nicht beruhigen. »Verkleidet sich dieser Verbrecher, dieser Lump, dieser, dieser ... dieser Künstler als Polizist! So eine bodenlose Frechheit!«

Er nimmt die Verfolgung Waldo Klötzers auf. Tina, Oliver und Onkel Paul möchten sich die anstehende Verhaftung natürlich nicht entgehen lassen. Sicherheitshalber bleiben sie aber ein paar Schritte hinter Kommissar Tappke.

An einer Straßenecke gelingt es dem Kommissar, sich unbemerkt von hinten an Waldo Klötzer heranzuschleichen. Der hat gerade die Polizeimütze abgenommen und wischt sich den Schweiß von der Stirn, als ihm eine Waffe in den Rücken gedrückt wird.

»Jetzt mal schön die Hände hoch und keine falsche Bewegung!«

Waldo Klötzer ist viel zu überrascht, um Widerstand zu leisten. Der Kommissar nimmt ihm seine Pistole ab und drängt ihn gegen die Litfaßsäule.

»Na, was sagst du jetzt, du Gauner?!«

»Ich ... ich will meinen Anwalt sprechen«, stottert Klötzer.

»So weit kommt das noch!« Kommissar Tappke zieht ihm das Kissen unter der Uniformjacke heraus. Er knöpft den Bezug auf und die Geldscheine quellen hervor.

»Da haben wir ja auch das Geld, das du für den gestohlenen Don Lüllau bekommen hast.«

Kommissar Tappke tritt so nahe an Waldo Klötzer heran, dass sich ihre Nasenspitzen beinahe berühren.

»Also, wer ist der Käufer des Bildes?! Na los, spuck's aus, Mann, bevor ich ungemütlich werde!«

Waldo Klötzer weicht zurück.

»Ich ... ich weiß nicht, wer der Käufer ist.«

»Und der Mann im »Koppheister«?«, fragt Tina. »Der Mann mit dem Aktenkoffer?«

»Das ist doch nur der Bote. Der Käufer bleibt bei solchen Geschäften immer als Mister Unbekannt im Hintergrund.«

Kommissar Tappke packt Waldo Klötzer unsanft am Kragen.

»Hör mal zu, Bürschchen, wenn du mir hier was verheimlichst ...«

Auf Waldo Klötzers Stirn glitzern ein paar zusätzliche Schweißperlen.

»Irgend... – irgendeine bekannte Persönlichkeit, soviel ich weiß. Aber wer das ist ...?« Waldo Klötzer zuckt mit den Schultern. »Keine Ahnung. Ehrlich. Ich schwöre.«

»Ja, ja, beim Grab deines Goldhamsters, oder wie?« Tappke lässt Waldo Klötzer los, nimmt seinen Hut ab und kratzt sich am Kopf.

»Irgendeine bekannte Persönlichkeit. Das bringt uns ja kaum weiter.«

»Vielleicht jemand, der Kunstwerke sammelt«, überlegt Onkel Paul laut.

»Mhm, wahrscheinlich«, der Kommissar setzt seinen Hut wieder auf. »Trotzdem, ein Name wäre mir lieber.«

»Ich weiß den Namen!«, ruft auf einmal Tina.

Alle starren sie an.

Wer hat den Don Lüllau gekauft?

Tipp: Betrachte noch mal den Insassen in der Limousine in »Ein teurer Tipp« (S. 176) etwas genauer.

Ein alter Bekannter

»Ich erinnere mich an das Gesicht ... da!« Tina zeigt auf das große Werbeplakat, das eine neue Fernsehshow ankündigt: »Daumen hoch! – Die Dieter-Siffke-Show«.

Kommissar Tappke versteht noch nicht ganz. »Du meinst ...?«

»Dieter Siffke.« Tina nickt. »Der hat hinten in dem dicken Schlitten gesessen.«

»In was für einem dicken Schlitten?«

»Na, in dem Auto, das der Mann gefahren hat, der Waldo Klötzer den Aktenkoffer mit dem Geld überbracht hat.«

»Dieter Siffke?!« Kommissar Tappke kann es nicht glauben. »Der berühmte Showmaster? Der Liebling der Massen? Der bekannteste Sohn der Stadt?«

Onkel Paul hat seine eigene Meinung zu Siffke: »Ein eitler Rumsabbler ist das, sonst nichts.«

»Aber weltberühmt«, sagt Kommissar Tappke. »Jedenfalls in Deutschland. Aber das hilft alles nichts. Statten wir dem Herrn Showmaster einen unangemeldeten Besuch ab.«

Kommissar Tappke ruft einen Streifenwagen, und Waldo Klötzer wird ins Untersuchungsgefängnis verfrachtet. Tina, Oliver, Onkel Paul und der Kommissar fahren im Zivilwagen mit Blaulicht zum Anwesen von Dieter Siffke. Es liegt in einem grünen Viertel, außerhalb der Stadt.

Tappke muss mehrmals läuten, bis ihm ein Butler endlich öffnet.
»Sie wünschen?«

Tina stupst Oliver an. »Das ist er«, flüstert sie.
»Wer?«, fragt Oliver.
»Das ist der Mann, dem Waldo Klötzer das Paket gegeben hat.«
Kommissar Tappke hält dem Butler seinen Dienstausweis vor die Nase.
»Tappke, Kriminalpolizei. Wir würden gerne Herrn Siffke sprechen.«
»Ich bedaure, aber der gnädige Herr hat soeben das Anwesen verlassen.«
»Soeben?«, fragt Oliver.
Der Diener mustert ihn hochnäsig.
»Sehr wohl. Wie ich gerade sagte: soeben. In einem roten Jaguar, falls es Sie interessiert. Die Herrschaften hätten ihm eigentlich begegnen müssen.«
»Das stimmt nicht«, sagt Oliver.

Der Diener sieht ihn böse an. Aber Oliver bleibt bei seiner Behauptung.

»Er lügt. Dieter Siffke hat das Anwesen ganz sicher nicht in den letzten Minuten mit seinem Jaguar verlassen.«

Wie kann sich Oliver da so sicher sein?

Tipp: Der Polizeiwagen hat bei der Einfahrt in das Anwesen Spuren hinterlassen.

Auftritt Dieter Siffke

Oliver zeigt auf die Riesenpfütze in der Toreinfahrt.

»Da hätte Dieter Siffke doch durchfahren müssen, wenn er wegfährt.«

»Ja, und?« Tappke versteht nicht ganz.

»Dann müssten auch Reifenspuren zur Straße führen«, erklärt Oliver.

Jetzt hat es der Kommissar endlich begriffen. Grimmig starrt er den Butler an.

»Da lügt der Kerl mir doch glatt ins Gesicht!«, entrüstet sich Tappke.

Er schiebt ihn zur Seite und stapft in die große Eingangshalle.

»Also, wo steckt der Fernsehkasper?!«

In diesem Moment kommt Dieter Siffke ihm mit großer Geste entgegengeeilt.

»Ich muss Sie vielmals, vielmals um Verzeihung bitten. Ich habe meinem Butler die strikte Anweisung gegeben, niemanden vorzulassen. Aber wenn ich natürlich geahnt hätte, dass die Kriminalpolizei mich zu sprechen wünscht ...«

Dieter Siffke strahlt Kommissar Tappke überfreundlich an. Dann entdeckt er Tina und Oliver.

»Ach, wie reizend! Kinder! Ich liebe Kinder!«

Er tätschelt ihnen die Wangen.

»Aber was stehen wir so ungemütlich in der Eingangshalle herum? Begeben wir uns doch in den Salon.«

Tina, Oliver, Onkel Paul und Kommissar Tappke folgen Dieter Siffke in einen großen ultramarinblauen Raum, dessen Wände über und über mit Gemälden verziert sind.

»Ich bin so ein Kunstfanatiker«, erklärt Dieter Siffke theatralisch.

»Das sieht man«, murmelt Tina.

Der Showmaster scheint die Bemerkung zu überhören.

»Was kann ich denn nun für Sie tun, mein lieber Kommissar?«

»Tja, also ...« Tappke schildert ihm in knappen Worten den Grund ihres Kommens.

Das scheint Siffke lediglich zu amüsieren. »Was denn, und Sie verdächtigen mich, diesem Waldo Klötzer einen gestohlenen Don Lüllau abgekauft zu haben? Das ist doch wohl nicht Ihr Ernst?«

Kommissar Tappke nickt und lässt ihn dabei nicht aus den Augen.

»Ach Gott, wie putzig. Wenn ich das meinen Freunden erzähle, die lachen sich tot. Ich und ein gestohlenes Bild kaufen, ha, ha, ha, also nein, wirklich. Als ob ich so etwas nötig hätte. Herr Kommissar, ich bitte Sie ...«

Da flüstert Tina dem Kommissar etwas zu.

Der sieht Dieter Siffke ernst an.

»Wie mir soeben aus gut unterrichteten Kreisen berichtet wird, befindet sich das gestohlene Don-Lüllau-Bild sehr wohl in Ihrem Besitz. Was sagen Sie nun?«

Dieter Siffke hüllt sich in Schweigen.

Wo ist der gestohlene Don Lüllau?

Tipp: Sieh dir das große Bild in »Der Künstler höchstpersönlich« (S. 160) noch einmal gründlich an.

Kinder klären Kunstraub auf

Auf der Kommode hat Tina das Bild entdeckt, das Waldo Klötzer in seinem Hotelzimmer gemalt hat.

»Ich wette, er hat das wertvolle Don-Lüllau-Gemälde ein zweites Mal getarnt«, vermutet sie.

»Du meinst, er hat das Bild mit den Dreiecken, das er bei Conny Fröhlich gestohlen hat, noch mal übermalt?«, fragt Oliver.

»Na, das werden wir gleich sehen«, sagt Onkel Paul. Er lässt sich vom Butler eine Schale mit Wasser und ein Tuch bringen. Vorsichtig reibt er das Bild mit dem nassen Tuch ab. Zunächst erscheint das Waldo-Klötzer-Bild, das bei Conny Fröhlich hing. Die nächste abgeriebene Schicht gibt dann das wertvolle Don-Lüllau-Gemälde frei.

»Aber das gibt es doch gar nicht.« Dieter Siffke gibt sich ahnungslos. »Herr Kommissar, Sie sehen mich vollkommen überrascht. Mir fehlen die Worte.«

Kommissar Tappke sieht den Fernsehstar grimmig an. »Sagen Sie mal, für wie blöd halten Sie mich?!«

Dieter Siffke zuckt mit den Schultern. Noch ein Grund, den Showmaster unverzüglich festzunehmen.

Somit hat das T.O.P.-Team seinen ersten großen Fall gelöst. Und die drei können es kaum erwarten, wieder auf Verbrecherjagd zu gehen. Wenn du willst, kannst du wieder dabei sein. Zuvor solltest du aber deine Fähigkeiten als Detektiv testen.

Wie T.O.P. bist du?

0 Punkte – Tja, äh ... ehrlich gesagt: nicht so doll.

1 bis 10 Punkte – Ja, geht so. Aber: Das kannst du ganz sicher noch besser, hundertprozentig. Das T.O.P.-Team glaubt an dich.

11 bis 20 Punkte – nicht schlecht, wirklich nicht schlecht. Eigentlich sogar gut. Weiter so! Du bist auf dem besten Weg.

21 bis 30 Punkte – hey, Anerkennung! Gut kombiniert, gut beobachtet. Du bist auf dem besten Weg, eine richtige Detektivspitzenkraft zu werden.

31 bis 35 Punkte – absolute T.O.P.-Leistung! Verbrecher, Schurken und andere zwielichtige Gestalten sollten in deiner Nähe Schweißausbrüche bekommen.

36 bis 40 Punkte – unglaublich! Superklassetoll! Nach dir sollten Straßen, Städte, ja, Länder benannt werden.

Wie viele Punkte kannst du dir für den ersten Fall mit dem T.O.P.-Team eintragen?

Stefan Wilfert

Kommissar Kreuz
Tatort: Museum

Kreuzwortratekrimis

Mit Illustrationen von Peter Friedl

Guten Tag!

Darf ich mich vorstellen? Ich heiße Kreuz und bin Kriminalkommissar. Seid ihr scharfe Beobachter und aufmerksame Zuhörer? Prima, dann könnt ihr bei den folgenden Fällen beweisen, dass ihr gute Detektive seid. Denn leicht zu lösen sind die Fälle nicht! Als Hilfe gibt es aber zu jedem Fall ein Kreuzworträtsel, in dem die Lösung des Falles versteckt ist. Wie man ein Kreuzworträtsel löst, wisst ihr ja. Trotzdem, einige Dinge muss ich noch erklären.

Zum Beispiel: ä, ö und ü schreibt man in einem Kreuzworträtsel so: AE, OE und UE. Kommt in einem Wort ein ß vor, schreibt ihr im Rätsel SS.

Ez. bedeutet Einzahl, Mz. bedeutet Mehrzahl. Wird also nach »Kraftfahrzeug (Mz.)« gefragt, schreibt ihr AUTOS und nicht AUTO.

Abk. heißt Abkürzung. Sonderkommission heißt abgekürzt einfach Soko.

Besonders gerne habe ich die Buchstabenverdreher. Da frage ich zum Beispiel: »LEISE verdreht, mit ihnen kann man etwas festbinden.« Klingt merkwürdig, nicht? Verstellt ihr aber die Buchstaben des Wortes LEISE, dann ergibt sich das Wort SEILE. Alles klar? Achtet also auf das Wörtchen VERDREHT!

Und auch so etwas mache ich gerne: »Das Wort ENDE kann man auch so kurz schreiben.« Keine Ahnung? Probiert es mal mit ND. Lest es laut, dann wisst ihr, dass es stimmt.

Und noch etwas müsst ihr manchmal finden: ein Wort

im Wort. Da frage ich vielleicht nach einem »Mädchen im KOMMISSARANZUG«. Natürlich steckt in meinem Anzug kein Mädchen. Aber im Wort KommisSARAnzug steckt ein weiblicher Vorname – Sara.

Wenn ihr mal nicht weiterwisst, dann schaut hinten im Buch nach: Dort stehen die Lösungen und dort könnt ihr nachlesen, wie der jeweilige Fall weitergeht.

Alles klar? Dann viel Spaß!
Euer Kommissar Kreuz

1. Fall: Eine Bande wird gebildet

»Aller Anfang ist schwer«, meinte Kommissar Kreuz zu sich selbst und betrat sein neues Büro. Aber nicht nur der Anfang war schwer, sondern auch der Stapel von Akten, die der Kommissar schleppte. Vor Kurzem war er zum Leiter der Sonderkommission TONI DRAISE ernannt worden und hatte deswegen heute Morgen in ein neues Büro ziehen müssen. Es ging um eine Verbrecherbande, die seit einiger Zeit mit frechen Raubzügen die Gegend unsicher machte. Kopf der Bande war Toni Draise, ein gerissener Ganove, von dessen Person die Polizei so gut wie nichts wusste.

»Machen Sie das mal, Kreuz«, hatte Polizeipräsident Neubemmer zum Kommissar gesagt. »Sie sind der erfahrenste Mann bei uns. Sie werden den Draise mitsamt seiner Bande schnappen.«

Aufmunternd hatte er dem Kommissar auf die Schulter geklopft und war aus dem Büro gegangen. An der Tür hatte er sich umgedreht. »Ach, übrigens, Sie kriegen ein größeres Büro und als Assistenten teile ich Ihnen unseren Neuen zu, den Benni Wort. Sie werden doch mit ihm klarkommen, oder? Als alter Sprichwort-Liebhaber wissen Sie ja: Neue Besen kehren gut!«

»Aber ... eigentlich wollte ich doch nach Ibiza fahren, um mir dort Cats anzuschauen«, hatte der Kommissar noch eingewendet. Doch der Polizeipräsident hatte das einfach beiseitegewischt.

»Das können Sie immer noch hinterher, wenn Sie alles geklärt haben. Der Fall hat Vorrang!«

Und weg war er.

Der Kommissar ließ den Aktenstapel auf den Schreibtisch seines neuen Büros fallen, setzte sich und putzte seine Brille.

Wenn, wenn. Ja, wenn das Wörtchen wenn nicht wär, wär mein Vater Millionär, dachte er. Urlaub weg, Soko-Leiter und Benni Wort, das war ein bisschen viel auf einmal. Auf die Soko-Arbeit freute er sich, auf Benni Wort nicht unbedingt. Mit ihm hatten alle so ihre Schwierigkeiten. Er war noch ziemlich neu im Kommissariat und so etwas wie ein Pechvogel. Dauernd passierte ihm irgendwas. Entweder fiel er die Treppe runter oder er ging aus Versehen ins Frauenklo. Bei Verhören sang er Opernarien, bei Bahnfahrten hielt er sich an der Notbremse fest. Und mit der Stoßstange seines Autos hatte er schon einmal ein Fahrrad einen Kilometer weit mitgeschleppt.

»Na ja, kommt Zeit, kommt Rat«, tröstete sich Kommissar Kreuz.

Er war gerade dabei, einen großen Karton mit Akten aus dem Schrank zu holen, als die Tür aufgerissen wurde und ihm den Karton aus den Händen stieß.

»Verdammt noch mal, was soll denn ...?« – aber weiter kam er nicht.

»Tag, Chef«, klang es fröhlich von der Tür her.

Der Wort! Natürlich! Wer sonst?

»Haben Sie sich was getan?« Eilig half ihm Benni Wort, die Akten wieder einzusammeln.

»Mensch, Wort! Irgendwann legen Sie noch mal das Präsidium in Schutt und Asche! Können Sie denn nicht aufpassen?«

»Ach, Chef, woher soll ich denn wissen, dass Sie hinter der Tür stehen? Sie Türsteher, Sie!«

Lachend ging er zum Schreibtisch, setzte den Karton dort ab und schüttelte dem Kommissar kräftig die Hand.

Ermattet ließ sich Kommissar Kreuz auf seinen Stuhl fallen.

»Bevor Sie noch mehr anstellen, fangen wir lieber gleich mit der Arbeit an. Was wissen Sie über die Draise-Bande?«

Benni Wort legte einen Zeigefinger an die Nase. »Hm. Viel nicht. Der Boss heißt Toni Draise, deswegen Draise-Bande. Auf ihr Konto gehen jede Menge Straftaten: Einbrüche, Erpressung, Bankraub und so weiter. Draise ist sehr clever und vor allem ein Spieler, der die Polizei schon oft an der Nase herumgeführt hat. Er selbst bleibt meist im Hintergrund und schickt seine Männer vor.«

Er setzte sich auf den zweiten Stuhl im Zimmer und drehte sich einmal im Kreis. »Prima Drehstühle haben Sie hier! Wissen Sie, Chef, so wie der Draise arbeitet, denke ich manchmal, der hält uns für dumm.«

Der Kommissar knurrte nur: »Hochmut kommt vor dem Fall.«

Er reichte seinem Assistenten ein Blatt Papier. »Hier, ist gerade reingekommen.«

Benni Wort las:

»Lieber Kommissar Kreuz, durch unsere Spitzel erhielten wir heute Früh die Nachricht, dass die Draise-Bande ein Treffen mit allen Mitgliedern plant. Dummerweise konnten unsere Leute aber nicht rausfinden, wo. Das Einzige, was sie aufspüren konnten, war beiliegender Zettel. Hilft Ihnen das weiter?«

Mit einer schwer leserlichen Unterschrift endete die Nachricht.

Und das stand auf dem Zettel, der an das Blatt geheftet war:

hEUTE aBEND VORM »sCHWARZEN pECH« – EINS.

»Na, das ist aber nicht viel, was wir da haben«, meinte Benni Wort und gab dem Kommissar den Zettel zurück.

Der nickte. »Ganz schlau werde ich auch nicht daraus. Aber gemeinsam werden wir das schon packen. Wir, das bin ich mit meinem bekannt genialen Hirn und Sie mit Ihrem bekannt genialen – äh ...« Er sah seinen Assistenten fragend an. »Äh, Herr Wort, was ist bei Ihnen eigentlich genial?«

Der grinste fröhlich und meinte: »Na, zum Beispiel meine genialen Einfälle. Wissen Sie, wer ab heute gegen die Toni-Draise-Bande kämpft? Wir, die Kreuz-Wort-Bande. So nennen wir uns! Und wir werden den Kampf gewinnen!« Sprach's und wollte das Büro verlassen, öffnete aber die Tür zum Schrank!

Am Nachmittag saßen sie wieder beisammen und redeten über den Fall. Benni Wort zupfte nachdenklich an dem Zettel von der Bande herum.

»Natürlich ist mir aufgefallen«, sagte er, »dass die

Buchstaben so merkwürdig geschrieben sind. Der erste klein und dann groß, aber auch nicht immer. Wie eine verschlüsselte Botschaft.«

Benni goss sich und dem Kommissar heißes Wasser in die Tasse. Fünf Minuten später meinte der Kommissar: »Es wäre schön, wenn Sie jetzt auch noch einen Teebeutel in die Tasse tun würden. Sind Sie immer so schusselig?«

»Im Gegenteil, lieber Kommissar, im Gegenteil! Das kommt jetzt nur vom vielen Vordenken.«

»Vordenken?«

»Ja, vordenken! Das ist das Gegenteil von nachdenken. Und das tun wir doch gerade. Oder?«

»Im Gegenteil ... im Gegenteil«, brummte der Kommissar vor sich hin. »Nachdenken – vordenken!«

Wieder nahm er den Zettel in die Hand. Er schloss die Augen.

Sein Assistent schaute ihn verwundert an.

»Schlafen Sie jetzt?«

Der Kommissar lachte. »Nein, mein Lieber, im Gegenteil, im Gegenteil. Ich bin hellwach. Dank Ihrer genialen Sätze weiß ich nun, wo wir die Bande schnappen. Zum Glück haben wir noch etwas Zeit, bis wir uns den dicken Draise-Fisch mitsamt seiner Bande angeln werden.«

Er schaute Benni auffordernd an.

»Gehen Sie am besten in Ihr Büro und studieren Sie den Zettel. Ich muss einige Telefonate führen. Wenn Sie fertig sind, kommen Sie wieder zu mir. Wie heißt's so schön: Erst besinn's, dann beginn's!«

Eine halbe Stunde später betrat ein einigermaßen kleinlauter Benni Wort das Büro des Kommissars.

»Ich hab's nicht rausgekriegt. Ich komm einfach nicht weiter!«

»Macht nichts«, sagte der Kommissar und holte sich einen seiner geliebten englischen Gina-Butterkekse aus der Schreibtischschublade. Während er daran knabberte, schob er Benni einen Zettel zu. »Hier, mein Lieber. Das Kreuzworträtsel hab ich gerade fertiggestellt. Wenn Sie uns schon zur Kreuz-Wort-Bande erklären, dann müssen Sie auch mal ein Kreuzworträtsel lösen. Bringen Sie die Buchstaben in den Kreisfeldern in die richtige Reihenfolge, dann wissen Sie, wie die verschlüsselte Botschaft lautet. Viel Spaß!«

Benni nahm das Rätsel und verließ das Büro. Diesmal durch die richtige Tür.

Kreuzworträtsel 1

Waagerecht:

1. Sie wird gerade von uns gebildet, lieber Benni
6. Wenn die Erde wackelt, ist das ein …
11. Da geht man hinein, um sich gesund zu schwitzen
12. Kleine bunte Plastiksteinchen, mit denen man bauen kann
13. Da hat man normalerweise seine Kleider drin
14. Das Musical wollte ich eigentlich im Urlaub anschauen
16. Aufforderung zum Gehen
17. Das schwört man vor Gericht
20. Von der englischen Firma Gina, hab ich immer im Schreibtisch für den kleinen Hunger (Ez)
21. So heißt auch Ihr Polizeipräsident, lieber Benni!
25. Kleines Tierchen, das Riesenhaufen machen kann
28. Die singen Sie gelegentlich bei Verhören, Benni (Ez)
29. Nicht lang
30. Nicht West
31. Tragen Sie auf der Haut und unter der Jacke
32. Welcher Junge steckt in der KISTE FANTA?
34. Mit dieser Art von Stange haben Sie ein Fahrrad mitgeschleift
35. Eine MADE von hinten und man sieht holländischen Käse
37. Wenn 1. senkrecht so ist, kehrt er gut
39. Ob Nord- oder 30. waagerecht, darin können Sie baden
40. Kreuz-Wort-Bande. So … wir uns, sagten Sie!
41. Ohne dieses Wörtchen wär mein Vater Millionär

Senkrecht:

1. Gut zum Kehren
2. Bleibt von einem Feuer übrig
3. Nicht fern
4. In der Musik nicht Moll und Beginn vom Trinken um müssen
5. Stadt in Thüringen mit dem Kfz-Kennzeichen J
6. Da sitzt man drauf oder bringt das Geld hin
7. Blume und Gewürz
8. Ball-Boris' Nachname
9. Steht ein Hindernis im …, räumt man es …
10. An ihnen halten Sie sich bei Bahnfahrten fest, stimmt's, Benni? (Mz)
15. Als Karte noch über dem König
17. Mein, dein, sein, ihr, unser, ihr. Was fehlt?
18. Dahin wollte ich im Urlaub fahren
19. Steht in Deutschland hinter dem Punkt der E-Mail-Adresse
22. Mit dem Metermaß die Länge feststellen

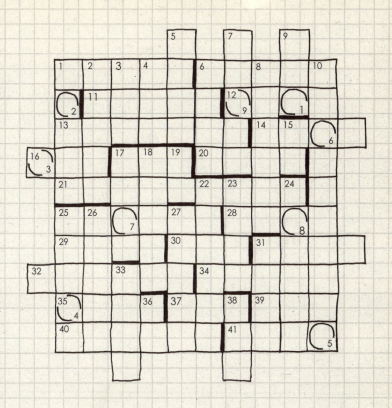

23. So kraftlos fängt der Vorname an, der mit -tias aufhört

24. Zwerge sind sie nicht. Eher das Gegenteil!

25. Sie waren in dem Karton, den ich aus dem 13. waagerecht holte

26. Sind Sie DAS, Benni, möchten Sie gerne schlafen gehen

27. Sie scheint in meinem Urlaubsort jeden Tag

31. Normalerweise trägt man sie über dem 31. waagerecht

33. Anhänger von Fußballclubs (Mz.)

36. Haben die Menschen aus Mindelheim am Auto

38. Junge im BAUWESEN

Lösung auf Seite 294/295.

2. Fall: Eine Falle für Toni Draise

»Man wird uns belobigen, wenn das klappt, lieber Benni! Stellen Sie sich schon mal da drüben hinter den Vorhang in unser Versteck! Wenn Toni Draise auftaucht und seinen Raubzug beginnt, stürzen wir uns auf ihn und zack, ist er erledigt.« Zufrieden mit seinem Plan ließ sich Kommissar Kreuz mit einem Plumps in einen weichen Polstersessel fallen. »Und bitte, passen Sie auf, dass Sie nichts ...«

Aber es war schon zu spät. Benni Wort war rückwärts in Richtung Vorhang gegangen und hatte dabei den Tisch mit der Porzellanvase übersehen. Er stolperte, und schon war die große Vase mit dem Bild der Insel Rügen zu Bruch gegangen.

»Hoppla«, meinte er nur, klaubte die Scherben zusammen, tat sie in seine Tasche und versteckte sich hinter dem Vorhang.

»Wissen Sie was, Benni, Sie sollten nicht bei der Polizei arbeiten, sondern bei einem Abbruchunternehmen. Die könnten sich dann den ganzen Sprengstoff und die Bagger sparen. Die bräuchten nur Sie! Wenn wir hier lange auf den Draise warten müssen, kann das Hotel neue Zimmer anbauen!«

»Ha, ha! Ie-chen-rrze!«, klang es dumpf hinter dem Vorhang hervor.

»Was sagen Sie?«, fragte Kommissar Kreuz und rückte seine Brille zurecht.

Der Vorhang teilte sich und Benni Wort steckte seinen Kopf hindurch. »Sie machen Scherze, sagte ich.«

Kommissar Kreuz winkte ab. Er hoffte sehr, dass sie diesmal mehr Glück haben würden als neulich im WEISSEN GLÜCK. Sie hatten damals nur zwei eher unwichtige Ganoven festnehmen können und einiges an Diebesbeute sichergestellt. Den Chef der Bande, Toni Draise, hatten sie nicht geschnappt. Und der war seitdem nicht untätig geblieben: Er hatte sich inzwischen auf Raubzüge in Hotels spezialisiert. Der Reihe nach war er bei Dunkelheit, wenn die Gäste beim Abendessen waren, in die besten Hotels der Stadt spaziert, um dort seiner Lieblingsbeschäftigung nachzugehen, nämlich Geldbörsen und Schmuck zu rauben. Und darum saßen Kommissar Kreuz und Benni Wort jetzt am späten Nachmittag in der Fürstensuite im vierten Stock des feinen Hotels PARIS, warteten auf die Dunkelheit und hofften, dass Toni Draise ihnen in die Falle gehen würde. Das PARIS war nämlich das einzige Hotel, in dem Toni Draise bisher noch nicht »gearbeitet« hatte. Der Kommissar hatte als Köder für den Ganoven das Zimmer so ausgestattet, als würde hier jemand leben: Kleider im Schrank, Kosmetika im Bad. Neben dem Bett ein Schmuckkästchen und auf dem Tisch eine wohl gefüllte Geldbörse. Gregor, der Hoteldetektiv, war eingeweiht und saß in der Hotelhalle bereit, falls sie Hilfe bräuchten.

»Und wir wissen nicht mal, wie Toni Draise aussieht«, sagte Benni zum Kommissar.

»Das ist ja das Gemeine«, stimmte ihm der zu. »Trotz seiner vielen Raubzüge haben wir nur eine ganz ungenaue Beschreibung von ihm. Das zeigt mal wieder, wie gerissen dieser Toni Draise ist.«

Der Kommissar nahm eine Walnuss aus der Schale auf dem Tisch und knackte sie.

Es klopfte.

»Herein!«, rief der Kommissar erstaunt.

Ein mit einem weißen Leinenanzug bekleideter Mann schaute zur Tür herein und machte ein überraschtes Gesicht. »Oh, Entschuldigung, da hab ich mich wohl in der Tür geirrt. Ich wollte in mein Zimmer. Entschuldigen Sie bitte«, sagte er mit einer auffallend tiefen Stimme und ließ dabei zwei Goldzähne aufblitzen.

»Keine Ursache«, murmelte der Kommissar, aber da war die Tür schon zu.

Gerade wollte er sich eine zweite Walnuss nehmen, als er plötzlich erstarrte. »Ich glaub, ich spinn. Benni! Alarm!«

Kommissar Kreuz raste aus dem Zimmer. Sein Assistent hinter ihm her. Den Gang nach links zum Fahrstuhl. Auf den Knopf gedrückt, die Fahrstuhltür öffnete sich, aber niemand war drin. Hektisch schaute sich der Kommissar um. Er lief in den dritten Stock hinunter und horchte. Benni hinter ihm her. Nichts und niemand war zu sehen. Der Kommissar griff zum Haustelefon und rief den Hoteldetektiv an.

»Gregor! Haben Sie einen Mann in einem weißen Leinenanzug gesehen?«

»Ja. Der ist gerade zur Tür hinaus, in sein Auto gestiegen und abgefahren. Wieso – ist was passiert?«

»Nein, nein. Schon gut. Danke.«

Der Kommissar legte auf. Niedergeschlagen ging er zusammen mit Benni Wort in die Fürstensuite zurück.

»Ich Depp! Ich Hornochse! Ich Rindvieh! Ich Riesenarmleuchter!«, stöhnte er und ließ sich in den Sessel fallen.

»Aber Kommissar! Was ist eigentlich los? Ich kapier überhaupt nix!«, rief Benni.

Der Kommissar raufte sich die Haare.

»Das war er!«

»Wer er?«, wollte Benni wissen.

»Na er! Toni Draise!«

»Wer? Wo? Was denn?« Benni verstand immer noch nicht.

»Na, der Typ, der eben ins Zimmer reinkam, das war Toni Draise! Verstehen Sie?«

»Nein.« Benni war ehrlich.

»Ich bin mir ganz sicher. Er hat sich nämlich verraten, lieber Benni. Er hat sich verraten!«

»Aber wie? Verraten Sie's mir!«

Der Kommissar stöhnte.

»So eine Schande! Kommen Sie, gehen wir ins Büro zurück. Das hier ist gelaufen. Hier passiert nix mehr. Im Büro können Sie ein Kreuzworträtsel lösen. Dann begreifen Sie, wodurch Toni Draise sich verraten hat! – Na ja, wenigstens wissen wir jetzt in etwa, wie er aussieht! Sie haben ihn doch auch gesehen, oder?«

»Durch den Vorhangspalt nur undeutlich«, meinte Benni. »Und was war das mit dem Kreuzworträtsel?«

»Na, Sie haben doch die Kreuz-Wort-Bande erfunden«, meinte Kommissar Kreuz. »Und weil das so eine geniale

Eingebung von Ihnen war, bekommen Sie von nun an bei jedem Fall, den Sie nicht lösen können, ein geniales Kreuzworträtsel von mir, in dem Sie die Lösung finden. So können Sie Ihr Hirn trainieren. Sie wissen ja: Übung macht den Meister!«

Kommissar Kreuz nahm die dicke Geldbörse und das Schmuckkästchen, Benni Wort seine Tasche mit den Scherben. Sie verließen das Hotel und fuhren ins Kommissariat zurück.

»Und wenn Sie mit dem Kreuzworträtsel fertig sind, dann können Sie gleich die Vase wieder zusammenkleben«, meinte der Kommissar im Auto.

Benni sagte nur: »Ich liebe Puzzles!«

Kreuzworträtsel 2

Waagerecht:

1. Die haben Sie kaputtgemacht, Benni!
5. Und da haben Sie die Scherben hineingetan
11. Diese CD schiebt man in den Computer
12. Viele Leute, die zusammen singen, sind ein ...
13. Nicht Mensch, nicht Pflanze, aber ein Lebewesen
14. Bambis
15. Hafenstadt in Brasilien mit Zuckerhut-Berg
16. Ein Schimpanse ist einer
17. Unser Fell auf dem Kopf (Mz.)
20. Ein Tier, das sich gern versteckt, ist ...
23. Die habe ich geknackt und gegessen (Ez.)
26. KNIE verdreht, reimt sich auf Bein
27. Wenn er alt und trocken ist, ... der Weihnachtsbaum
28. Nicht eckig, sondern ...
29. So heißt der Hoteldetektiv
30. Im MARSENDE versteckt sich ein Gift
31. PALME verdreht, verbreitet Licht
34. FAULEN verdreht, ist schnelles Gehen
37. Sagen Erwachsene oft: Das tut ... nicht
38. Wenn man ein Haus vergrößern will, muss man ...
40. Nimmt man ein Buch zur Hand, will man das tun
41. Aufforderung an mehrere, ihr Gehirn zu gebrauchen

Senkrecht:

1. Dahinter wollten wir uns verstecken, Benni!
2. Meiner ist Kreuz, Ihrer ist Wort
3. So eine ..., hab ich gestöhnt
4. Sind Mann und Frau verheiratet, sind sie ...leute
5. Sie werden beim Fußball geschossen
6. So heißt das Hotel, in dem wir waren
7. Man kann am ... gehen und im ersten ... wohnen
8. Amerikanische Geheimdienstkollegen arbeiten bei der Central Intelligence Agency (Abk.)
9. Sie, Benni, sind mein Assistent, ich bin Ihr ...
10. Die Glühbirne: Thomas Edison hat sie ...
18. Das hab ich gerufen, als ich merkte, dass es Toni Draise war
19. Das Bild dieser Insel war auf der 1. waagerecht
21. Getrocknetes Gras
22. Eine sehr, sehr niedrige Zahl

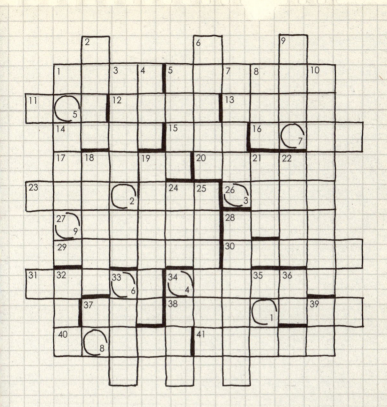

24. Sieht man an den Autos aus Slowenien
25. Meeresufer
28. Lieblingstätigkeit von Toni Draise
32. Mit American Online ist man im Internet (Abk.)
33. Den muss man an mancher Grenze vorzeigen
34. – wenn man von einem ... ins andere will
35. Anhänger, z. B. von einem Popstar (Ez.)
36. Das sieht man an den Autos in Euskirchen –
37. – und das an denen in Mettmann
39. Außerirdisches Filmwesen

Lösung auf Seite 296/297.

3. Fall: **Der alte Draise**

»Ich wusste gar nicht, dass der Vater von Toni Draise auch schon polizeibekannt war«, sagte Benni Wort zu Kommissar Kreuz, während er den Dienstwagen durch den Verkehr steuerte.

Der Kommissar nickte. »Ehrlich gesagt, war mir das auch nicht klar. Aber laut den Akten, die ich heute Früh studiert habe, war der alte Leo Draise eben nicht unter seinem richtigen Namen bekannt, sondern nur unter seinem Spitznamen SAFEMARDER – weil er sich wie ein Marder überall durchbiss. Er war einer der begabtesten Safeknacker, die je gelebt haben. Er brauchte so ein Ding nur anzusehen, und schon ging es auf. Auch sein Vater, also Tonis Großvater, war ein Ganove. Bei der Draise-Familie scheint nur Verbrecherblut durch die Adern zu fließen. Wie die Alten sungen, so zwitschern auch die Jungen.«

Benni schaute etwas ratlos drein. »Heißt das so viel wie: Der Apfel fällt nicht weit vom Pferd?«

»Vom Stamm, der Apfel fällt nicht weit vom Stamm, heißt es«, brummte der Kommissar und versank im Beifahrersitz.

»Aber Safeknacken hat der alte Draise seinem Sohn nicht weitervererbt, oder?«, fragte Benni.

»Doch, klar«, antwortete der Kommissar. »Aber alles andere hat er sich selbst beigebracht. Übrigens hatte ich selber nie mit dem Alten zu tun, das war vor meiner Zeit.

Ich weiß das alles nur aus den Akten – da vorne ist schon die Friedrichstraße!«

Benni Wort fuhr langsamer und bog dann in den Parkplatz des Altersheims, in dem der alte Draise wohnte.

»Der Vater müsste doch wissen, wo Toni seine Wohnung hat«, meinte Benni. »Ob die beiden noch Kontakt miteinander haben?«

»Ganz sicher«, behauptete der Kommissar und stieg aus. »Wir haben aber noch nicht rausgekriegt, wie. Wir müssen ihn halt geschickt ausfragen.«

Beim Pförtner erkundigten sich die beiden, wo der alte Draise sein Zimmer hatte. Kurz darauf standen sie vor der gelb lackierten Tür und klopften an. Der alte Draise öffnete ihnen.

»Oje, die Bullen!«

Weiter sagte er nichts. Der Kommissar und Benni Wort sahen sich stumm an. Der alte Draise drehte sich um und schlurfte zu einem Tisch in der Mitte des Raumes, um dort weiter seinen Tee zu trinken. Er war ein auffallend großer Mann, fast zwei Meter lang und dazu sehr mager. Dabei wirkte er gepflegt und sah kein bisschen wie ein Verbrecher aus: eigelbes Seidenhemd, geblümte Krawatte und schwarze, lässige Hosen.

»Sie glauben doch nicht, dass ich Ihnen was über meinen Sohn verrate«, sagte er abweisend, nachdem die Polizisten sich vorgestellt und ihn nach seinem Sohn gefragt hatten. »Mann, ich werd den Deubel tun. Außerdem nützt es gar nix, dass Sie fragen. Ich bin nämlich extrem vergesslich, hehe.«

Er lachte meckernd.

Während Benni weiterfragte, schaute sich der Kommissar im Zimmer um. An der linken Wand stand ein weiterer Tisch mit einem Fernseher darauf, daneben eine Vase mit Rosen und irgendein Siegerpokal. An der gegenüberliegenden Wand waren Kleiderschrank und Bett, darüber hing auf einem großen Schlüsselbrett aufgereiht eine Sammlung alter, rostiger Safeschlüssel. Außerdem war ein vergrößertes Foto mit zwei Frauen vor einem Leierkasten an die Wand gepinnt. An der Fensterseite befand sich ein schmales Wandregal mit einigen Büchern: *Das Jahrhundert der Detektive, Sherlock Holmes' Abenteuer, Safeknacken leicht gemacht, Emil und die Detektive, Der Frosch mit der Maske* und noch ein paar Taschenbücher. Besonders interessierten den Kommissar einige verstaubte Spiele, die im selben Regal nebeneinander aufgereiht waren.

»Na, da haben Sie aber eine ausgezeichnete Spielesammlung«, sagte er zum alten Draise.

»Tja«, erwiderte der Alte. »Mit meinen Kumpels hier im Heim spiele ich ständig.«

»So, so«, meinte der Kommissar, »alles beisammen: Glücksspiele und Taktikspiele: *Cluedo, Axxa, Risiko, Labyrinth, Sagaland, Twixt, Rüsselbande, Abalone, Scrabble, Schach, Elfengold, Elchfest, Ludo, Freibeuter.* Sie kennen sich richtig gut aus, Herr Draise.«

Aber der brummte nur etwas Unverständliches.

»Und Sie wollen uns immer noch nicht sagen, wo Ihr Sohn wohnt?«

Der Alte schüttelte den Kopf. »Hab ich vergessen!«

»Natürlich: Sie haben es vergessen.«

Der Kommissar winkte ab, nickte seinem Assistenten zu und ging zur Tür. »Dann gehen wir eben. Vielen Dank, Herr Draise.«

Auf dem Weg zum Auto meinte Benni Wort: »Hat ja nicht viel gebracht, der Besuch. Der Fiesling hat kaum was gesagt. Irr und wirr ist er.«

»Richtig. Gesagt hat er kaum was. Mit seiner angeblichen Vergesslichkeit will er sich aber nur tarnen. Denn verraten hat er uns alles. Und darum fahren wir jetzt in die Wohnung von Toni Draise.«

Benni riss ungläubig die Augen auf. »Wie – verraten?«

Der Kommissar grinste vor sich hin. »Ein chinesisches Sprichwort besagt: Wissen ist ein Schatz, der seine Besitzer überallhin begleitet. Und mein Wissen begleitet mich jetzt zur Wohnung von Toni Draise. Auf geht's!«

»Ja, kennen Sie denn die Adresse?«

»Na klar! Obwohl ich befürchte, dass der Vogel schon ausgeflogen sein wird! Der hat inzwischen auch kapiert, dass wir ihm dicht auf den Fersen sind.«

Mit seiner Vermutung sollte der Kommissar Recht behalten: Die Toni-Draise-Wohnung war leer wie eine Eisdiele am Nordpol.

»Ein Satz mit x: Da hilft ja nix! Dann eben zurück ins Büro. Inzwischen müsste das Phantombild von Toni Draise fertig sein, das schauen wir uns mal an – ach so, ja«, fuhr der Kommissar fort, »ich mache Ihnen dann auch gleich ein Kreuzworträtsel. Dann wissen Sie, wie ich auf die Adresse gekommen bin. Und danach lade ich Sie zum Eisessen ein. Wir feiern trotzdem. Der Toni

Draise geht uns schon noch ins Garn. Denn: Kommt Zeit, kommt Rat!«

»Und kommt Zeit und kein Rat«, bestätigte Benni, »dann müssen wir eben wieder auf Streife gehen!«

Kreuzworträtsel 3

Waagerecht:

1. Das wollten wir den Vater von Toni Draise
11. Auf dem vergrößerten Foto standen die Frauen vor einem solchen Kasten
12. Nicht danach, sondern ...
13. Kommt Zeit und kein Rat, dann müssen wir eben wieder auf ... gehen, meinten Sie, Benni
15. Nähfaden
16. Dünn, schmal
18. Die Haut vom Baum
21. Sitzt am Fuß und in der Knoblauchknolle (Ez)
22. Der Beatles-Schlagzeuger
23. Sieht man an den Autos aus Passau
25. Sich seiner Umgebung so anpassen, dass man nicht auffällt
27. So heißt der alte Draise mit Vornamen
29. Männliche Sau
33. Sitzgelegenheit
34. Name einer bekannten Gaunerfamilie
35. Der Spitzname für Tonis Vater war Safe...
38. Englischer Popsänger mit Nachnamen John
41. Sieht man an den Autos in Ansbach
42. Leckeres, kaltes Schleckzeug
43. So haben Sie den Alten genannt, Benni
44. In der deutschen Fahne die mittlere Farbe

Senkrecht:

1. Gegenteil von jung
2. Was jedes Zimmer hat, steckt im Wort NATÜRLICH
3. Wer Erster wird, ist der ...
4. Feste muss man ...
5. So ... und wirr ist er, sagten Sie, Benni
6. ANDRE verdreht, da fließt Blut durch
7. Witziger Einfall, kann man von vorne und von hinten lesen
8. Frau von Adam in der Bibel
9. Dort gibt es nur die Himmelsrichtung Süden
10. Nicht ungerne
14. So heißen die Einwohner von Friesland
16. Maßeinheit im REKLAMETERNMIN
17. Wer was kopiert, sagt nicht »aha« oder »uhu«, sondern ...
19. Eskimohaus
20. Mit dem englischen NEIN beginnt auch 9. senkrecht
24. Im Falle eines Falles klebt ein Kleber ...

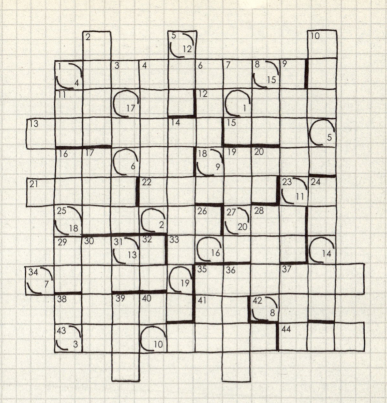

26. So kurz kann man das Wort ENTE schreiben
28. Im REHRESERVAT findet man auch die Auszeichnung, das Ansehen
30. Im ELBALICHT sieht man eine Insel
31. Jede SAUEREI hört damit auf
32. Sieht man an den Autos aus Remscheid
35. Zwischen April und Juni
36. Anna rückwärts gelesen
37. Ich, du – mir, ...
38. Sieht man an den Autos in Erfurt
39. Getränk aus getrockneten Blättern
40. Das sieht man an den Autos in Osnabrück

Lösung auf Seite 298/299.

4. Fall: 1:0 für Toni Draise

Es war Samstagnachmittag. Der Kommissar hatte Benni zum Fußball eingeladen. Borussia spielte gegen die Eintracht. Vierzigtausend Zuschauer feuerten Borussia an.

»Das muss man im Stadion direkt anschauen und nicht im Fernseher! Klasse Idee von Ihnen«, freute sich Benni. »Ich war schon seit Jahren nicht mehr im Stadion. Haben Sie eigentlich früher auch Fußball gespielt?«

»Nee«, antwortete der Kommissar und knabberte weiter an einem seiner geliebten englischen Gina-Butterkekse.

»Oh Gott«, stöhnte Benni und schaute aufs Spielfeld, »schauen Sie, wie mies die Eintracht wieder spielt. Dieses Jahr hatte sie schon vier Spiele und noch keinen Sieg. Bei der geht's jetzt nur noch um Sein oder Nichtsein. Wieso die eigentlich noch in der Ersten Liga ist?«

Der Kommissar schluckte runter. »Keiner ist unnütz, er kann immer noch als schlechtes Beispiel dienen.«

Benni lachte.

»Und außerdem«, fuhr der Kommissar fort, »hat sie sich ja drei Retter eingekauft: den Bauer, den Akerl und den Garcia.«

»Richtig«, sagte Benni, »wenigstens die spielen gut.«

Sie verfolgten beide weiter das Spiel. Als der Schiedsrichter ein Foul pfiff, sprangen einige Zuschauer auf und protestierten mit lauten »Abseits!«- und »Elfmeter!«-Rufen. In diesem Moment packte Benni den Kommissar am Ärmel.

»Schauen Sie mal, Chef! Da unten! Sehen Sie den Mann in der grünen Jacke, der sich gerade umdreht? Lustig. Der sieht aus wie unser Phantombild von Toni Draise.«

Kommissar Kreuz verschluckte sich beinahe an seinem Keks und fragte: »Wo?«

»Na, da! Der Mann da vorne in der ersten Reihe!«

Der Kommissar schaute genau hin.

»Ich werd verrückt. Mensch, Benni, das ist der Kerl! Los, nix wie hin!«

Eilig schmiss er seine Kekstüte weg. Beide Polizisten sprangen auf und quetschten sich durch die Menge. Die Leute waren wegen der Störung ziemlich sauer und schrien: »Hinsetzen!« – »Man sieht ja nix!« – »Haut ab!«

Aber der Kommissar war nicht zu bremsen. Diese Gelegenheit durfte er sich nicht entgehen lassen. Nur noch fünf Reihen, dann hatte er den schlimmsten Verbrecher der ganzen Stadt.

Aber in dem Moment drehte sich Toni Draise um. Den Kommissar erblicken und davonspringen war eines. Er wühlte sich durch die Sitzreihen zur nächsten Treppe und raste die Stufen hoch. Der Kommissar und Benni wollten hinterher, doch genau in diesem Moment fiel ein Tor für die Borussen. Alle Zuschauer sprangen auf und brüllten vor Begeisterung. Es gab kein Durchkommen mehr. Vergeblich versuchte der Kommissar, sich durch die Menschenmassen zu drängen. Weder er noch Benni kamen einen einzigen Schritt vorwärts.

»Entwischt«, keuchte der Kommissar.

»So ein Mist«, sagte Benni und schnappte nach Luft.

Gleich darauf war Halbzeit, und noch im Pfiff des Schiedsrichters klingelte das Handy des Kommissars.

»Hallo! ... Ja ... ja ... was?! ... Ist der Sicherheitsdienst schon da? Okay, beruhigt euch, ich bin sofort da!«

»Was war denn?«, wollte Benni wissen.

»Tja, nicht nur Toni Draise, sondern auch die Tageseinnahmen sind weg! Geraubt! Vor unseren Augen!« Er schnaufte. »Na, dann mal los!«

Sie gingen eilig zum Kassenraum, wo sie auf die Angestellten des Sicherheitsdienstes trafen. Einer telefonierte gerade wegen des Raubes mit der Norma-Versicherung.

»Zwei Männer waren es«, berichtete die Kassiererin Inez Alsmer dem Kommissar. »Wir hatten keine Chance. Sie stürmten rein, bedrohten uns mit Pistolen, schnappten sich das Geld – und weg waren sie. Das wird Sie interessieren, Herr Kommissar: Als die rausrannten, da fiel ein Name.«

»Ja?«

»Der eine sagte: ›Schnell, das Geld muss zu Emil Tischbein‹. Na ja, und dann waren sie draußen.«

Benni schaute den Kommissar an. »Emil Tischbein? Wer ist denn das nun wieder? Einer von der Bande?«

Der Kommissar wandte sich an Frau Alsmer. »Er sagte Emil Tischbein – sind Sie sich ganz sicher?«

Die Frau nickte. »Ganz sicher!«

»Hat der Mann mitbekommen, dass Sie das gehört haben?«, wollte der Kommissar wissen.

»Na ja, wahrscheinlich schon. Denn der andere zischte ihm noch zu, er solle sein Maul halten.«

Kommissar Kreuz schaute seinen Assistenten nachdenklich an. »Wie gewonnen, so zerronnen. Trotzdem werde ich es versuchen. Benni, Sie bleiben hier und befragen die Angestellten weiter. Nehmen Sie alle Aussagen auf. Wir treffen uns dann im Büro.« Er zwinkerte ihm zu. »Na, wissen Sie schon, woher Sie Emil Tischbein kennen?«

Benni schüttelte stumm den Kopf.

»Dann erwartet Sie später im Büro ein schönes Kreuzworträtsel. Bis dann!« Und weg war er.

Sein Assistent sah ihm nach. Wer war denn dieser Emil Tischbein? Woher kannte ihn der Kommissar? Und wohin ging er jetzt? Das ergab doch alles keinen Sinn.

Er zuckte mit den Schultern und machte sich an die Arbeit.

»Also, nun erzählen Sie noch mal ganz genau, Frau Tischbein! Äh, wie war doch gleich Ihr Name?«

Kreuzworträtsel 4

Waagerecht:

1. Nicht krank
8. Sieht man an den Autos aus Bad Oldesloe
10. Klosterchef
13. Diese Silbe passt vor -darine, -fred, -del
14. Hetze und Hast im POLIZEILEHRBUCH
15. »Vorname« vom -pard
16. Ich werde, du wirst, er …
17. Die zeigt die Uhr an
18. Gegenteil von Unsinn
19. Sie erhellt nachts die Straßen
24. Steht immer noch zwischen April und Juni
27. Steht im Schachspiel vor dem König
29. An dem hätte ich mich beinahe verschluckt
30. Die Polizei ist immer auf der … nach dem Täter
31. Sieht man an den Autos in Trier
32. Sie versteckt sich vornämlich in der KLEEVASE
33. So spielt die Eintracht, meinten Sie, Bernie
34. Süßes von der Biene
38. Sieht man an den Autos aus Rastatt
39. Passt vor -fried und -linde
41. So ist der Boxer, wenn er am Boden liegt
42. Steht auf Batterien, z. B. 1,5 oder 9
43. In diesem Inter wird gesurft
44. Kein einziges Mal, zu keiner Zeit
46. Von vorne wie hinten zu lesender Befreier
48. Mit diesem Anschluss kann man gleichzeitig faxen, telefonieren und e-mailen (Abk.)
49. Elf davon ergeben einen Strafstoß im Fußball

Senkrecht:

2. LEIM verdreht, wird zum Jungen
3. Fließt durch München und versteckt sich in der REISARBEIT
4. Liegt zwischen Berg und Tal
5. Vorname der Kassiererin
6. Ein Artikel
7. Einwohnerin von Polen
9. Sind keine Polizisten, jagen aber auch Verbrecher
10. Nachname der Kassiererin
11. Vorsilbe, passt zu -spiel, -fall, -leid
12. EVA NOTRIST verdreht, haben wir neulich besucht (2 Wörter)
20. Das riefen die Zuschauer dem Schiedsrichter zu
21. 893 + 200 - 93 =
22. KEUCHEN ohne Ken
23. Bambi ist ein …
25. Nachname eines der neuen Fußballer

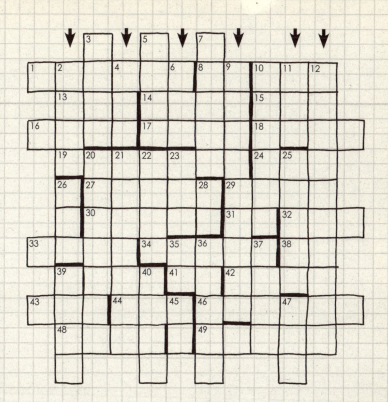

26. Arabischer Vorname aus BALINGEN
28. Sieht man an den Autos aus Recklinghausen
35. Das genaue Gegenteil von 41. waagerecht
36. So heißt die Versicherung
37. Zu ihm betet man
39. Die Eintracht spielt nur noch um ... oder Nichtsein, sagten Sie
40. So heißen meine geliebten Butterkekse
45. So wird der Eurocity abgekürzt
47. Gibt es zum Beispiel als Kamillen- oder Früchte- ...

Hinweis: Die ersten Wörter (senkrecht gelesen) in den Reihen mit den Pfeilen ergeben die Lösung.

Lösung auf Seite 300/301.

5. Fall: Benni arbeitet solo

»Übung macht den Meister«, sagte Kommissar Kreuz lächelnd. »Drum werden Sie da hingehen und die Sache regeln. Inzwischen haben Sie die Weihe für größere Aufgaben.«

Benni nickte.

»Klaro mach ich das. Ich, der Rächer der Bestohlenen, werde im Handstreich die ganze Bande festnehmen und mich dann von den Zeitungen und von Rita feiern lassen.« Er lachte.

»Rita?«

»Ja, Rita, meine Freundin.«

Der Kommissar schaute seinen Assistenten zweifelnd an. Ob er der Aufgabe gewachsen war? Er selbst musste leider auf eine Sondersitzung mit Neubemmer, dem Polizeipräsidenten. Dabei gab es so viel zu tun. Der fette Niko, ein etwas zwielichtiger Spitzel, hatte ihnen die Nachricht zukommen lassen, dass sich Toni Draises Bande heute Abend um zwanzig Uhr im alten Rio-Star-Gebäude treffen wollte.

»Aber warum gehen wir da eigentlich nicht mit einer Hundertschaft hin und nehmen ruck, zuck alle fest?«, fragte Benni Wort den Kommissar.

»Erstens, Eile bringt Unheil, und zweitens, vielleicht stimmt der Tipp nicht. Dieser Niko ist nicht immer zuverlässig. Und dann bekommen wir Krach mit Neubemmer. Nein, da gehen Sie lieber erst mal alleine hin und peilen

242

die Lage. Tun Sie, was Sie für nötig und möglich halten. Bei Bedarf können Sie ja jederzeit Verstärkung rufen.«

Der Kommissar rückte seine Brille zurecht und hob den Zeigefinger.

»Und passen Sie gut auf sich auf, mein Lieber! Schließlich möchte ich Sie gesund und munter wiedersehen. Kein Risiko!«

Benni lächelte. »Kann ich gut verstehen. Wo ich doch der beste Teemacher bin, den Sie je hatten!« Er reichte dem Kommissar eine Tasse Tee.

»Hier, für Sie. Und ein wenig Obst stelle ich Ihnen auch noch hin. Vitamine beleben das Gehirn, heißt es.«

Der Kommissar nahm die Tasse und trank.

»Pfui Teufel! Was ist denn das? Bäh!«

Er hielt Benni die Tasse hin. Der probierte.

»Oh! Da hab ich wohl statt Zucker Salz reingetan!«

»Raus mit Ihnen!«, sagte der Kommissar. »Und essen Sie lieber selber mehr Obst!«

Benni Wort verzog sich in sein Büro. Er kramte einen Stadtplan hervor und studierte die Lage seines späteren Einsatzortes. Das alte Rio-Star war ein großer, verschachtelter Gebäudekomplex mit vielen Zugängen, unzähligen Fluren, Türen und Zimmern. Wie sollte er da mitbekommen, wo sich die Bande traf? Früher hatte es mal als Theater, Konzerthalle, Bücherei und Kino gedient. Seit Jahren aber stand es wegen Einsturzgefahr leer.

»Ach, wird schon irgendwie gehen. Erst mal werde ich mich draußen auf die Lauer legen und beobachten, wo die reingehen. Dann sehe ich auch gleich, wie viele es sind.«

Es war schon dunkel, als Benni sich hinter ein paar Bäumen in der Nähe des Haupteingangs versteckte. Eine Weile lang tat sich gar nichts. Dann sah er, wie ein hünenhafter Mann zur Tür neben dem Haupteingang ging, etwas murmelte und eingelassen wurde. Das wiederholte sich mit einem weiteren Mann und dann mit noch einem.

Benni schlich sich vorsichtig näher und verbarg sich dann hinter einer alten, verrosteten Mülltonne.

Gerade noch rechtzeitig. Nun näherte sich nämlich eine vermummte Gestalt dem Eingang. Hinter der Tür schnarrte eine Stimme: »Neun!«

Der Vermummte antwortete: »Vier!«

Benni hörte, wie eine Kette entfernt wurde und der Mann eingelassen wurde. Ein paar Minuten später kam der Nächste. Wieder ertönte von innen die Stimme: »Sieben!« Der Mann draußen antwortete: »Sechs!« und wurde eingelassen. Der Nächste, der eintraf, wurde von innen mit der Zahl »Vierundzwanzig« begrüßt! Er zögerte einen Moment, antwortete dann: »Vierzehn« und wurde eingelassen.

»Was sind das für Zahlen?«, überlegte Benni fieberhaft. »Wie komme ich da nur rein? Solange ich nicht verstanden habe, wie dieser Zahlencode funktioniert, habe ich keine Chance. Und wer weiß, wenn die sich untereinander kennen, dann flieg ich sowieso sofort auf. Aber wenn sie sich nicht kennen, dann geht vielleicht doch was. Ich muss einfach durch eine andere Tür reingehen.«

Vorsichtig schlich er sich an der Wand entlang, um eine Ecke herum, näherte sich einem der Nebeneingänge, entdeckte aber plötzlich, dass dort Wachen standen.

»Null Chance«, musste er einsehen.

Tief geduckt kroch Benni zurück. Als er um die Hausecke biegen wollte, stieß er mit dem Fuß einige Besenstiele und alte Schaufeln um.

»Mist!«, dachte Benni und machte einen Hechtsprung um die Ecke.

Sofort kam eine der beiden Wachen herbeigeeilt.

»Ist da wer?«, rief der Wächter.

Benni miaute laut.

Der andere Wächter rief: »War wohl nur 'ne Katze.«

Da gab der Wachmann den Schaufeln einen derben Tritt und ging wieder zurück. Zum Glück hatte er Benni, der sich nur einen knappen Meter entfernt hinter der Hausecke an die Wand presste, nicht entdeckt.

»Hui, das war knapp. Gut, wenn man Fremdsprachen kann«, dachte Benni grinsend und entfernte sich vom Rio-Star, indem er durch einige Sträucher und über einen heruntergekommenen Spielplatz robbte.

Außer Hörweite der Wachen setzte er sich ins Auto, nahm sein Handy und wollte den Kommissar anrufen. Und da passierte es. Beim Wählen kam er mit dem Arm auf die Hupe, die daraufhin laut und schrill aufbrüllte. Benni erstarrte vor Schreck. Schnell griff er nach seinem Autoschlüssel. Gleichzeitig blitzten am Rio-Star zwei Taschenlampen auf, deren Lichtkegel sich schnell auf ihn zubewegten. Da kamen auch schon die zwei Wachen!

»Hierher!«, rief einer der beiden nach hinten.

Endlich gelang es Benni mit zittrigen Fingern, den Schlüssel ins Schlüsselloch zu stecken, und er brauste mit quietschenden Reifen los. Im Rückspiegel sah er noch, wie die beiden Männer stehen blieben und ihm nachstarrten. Und was da in der Hand des einen glänzte, war das eine Waffe?

Benni schluckte. Zur Sicherheit duckte er sich etwas, gab Gas und war bald außer Schussweite der beiden.

Einige Minuten später klingelte er an der Wohnungstür des Kommissars. Vor Aufregung noch etwas außer Atem gab er ihm einen kurzen Bericht von dem, was geschehen war.

»Ich hab's einfach vermasselt«, endete er.

»Hauptsache, Sie sind heil davongekommen, Benni«, tröstete ihn der Kommissar. »Die Gauner sind jetzt bestimmt über alle Berge. Jetzt beruhigen Sie sich erst mal und trinken eine Tasse Tee. Ich bin auch gerade von der Sitzung nach Hause gekommen und habe einen Tee nötig.«

Während sie den Tee tranken, berichtete Benni dem Kommissar noch einmal ganz ausführlich von diesem rätselhaften Zahlencode.

»Ja, das ist auch schwierig. Ich hätte das genauso wenig nicht gewusst, hätte nicht vor vielen Jahren eine berühmt-berüchtigte Gangsterbande, die Brüder Sass, schon mal diesen Code benutzt.«

»Was? Sie kennen den Code?« Benni verschluckte sich fast am Tee.

»Ja, und genau dazu mache ich Ihnen natürlich ein schönes Kreuzworträtsel, und währenddessen trinken Sie diesen sehr guten chinesischen Tee.«

Benni nahm die Tasse in die Hand.

»Ach, übrigens, chinesischer Tee. Kennen Sie das chinesische Sprichwort, das ungefähr so klingt: Hwong tse chuan bung!«

»Und was soll das auf Deutsch heißen?«

»Keine Ahnung. Ich kann ja kein Chinesisch.«

»Ach, Benni.«

Kreuzworträtsel 5

Waagerecht:

1. Das sagte die erste Stimme, die Sie hörten, Benni
5. Eine verdrehte LEISTE ergibt Stöcke für Besen
11. Anders machen
12. Eine dicke Schnur
13. Ein Seehund ist eine ...
16. Land im Wasser
17. Gegenteil von Flut
18. Nach der Frage kommt die ...
21. Ich, du, er, sie, ...
22. In der PARKETTERNEUERUNG steckt ein Schmuckstück
24. Erster Teil vom Namen des Gebäudes
25. Zweiter Teil vom Namen des Gebäudes
26. Normalerweise die höchste Spielkarte
28. Das sagt ein Esel, wenn er schreit
30. Kann man hören oder z. B. eine Vase daraus formen
33. Eile bringt das
35. Sieht man an den Autos in Erfurt
36. So heißt unser Spitzel
38. Ein Sechseck hat sechs davon
40. Sehr dick, beleibt
41. Männlicher Vorname im SAUWETTER
43. Außen ..., innen pfui
44. GRANATE ohne Gate
45. 1. waagerecht ist eine ...
46. Grob, rau

Senkrecht:

1. Bleibt von einer Wunde übrig
2. Den haben Sie mir versalzen
3. Was man nicht kennt, ist einem ...
4. Steht zwischen Tag und Nacht
5. Gewässer (Mz.)
6. Stoß mit dem Fuß
7. Dieser Fluss fließt durch Innsbruck, drum heißt die Stadt so
8. Tankstellenkette
9. Nicht voll
10. Holzzerteilungsgerät
14. Früchte
15. In den GEBARDEN steckt ein Raubtier
19. Inzwischen haben Sie diese für größere Aufgaben, Benni
20. Der runde Ball muss in das eckige ...
23. Dickes 12. waagerecht
24. Der ... der Bestohlenen wollten Sie sein
25. FASTEN verdreht, ergibt einen Vornamen
27. Englischer Schnee heißt so

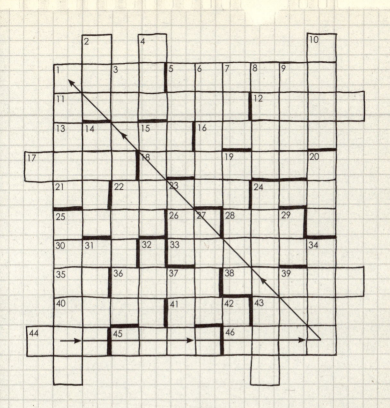

29. Sieht man an den Autos in Hildesheim
31. Man schmeißt Holz oder Kohle rein und er gibt Wärme
32. So heißt Ihre Freundin, Benni
34. Anderes Wort für Körper, ist in BLEIBEN zu sehen
37. Milchherstellerin
39. Manche Kranke fahren zur ... in einen -ort

42. Sieht man an den Autos in Erding

Hinweis: Folge der Pfeillinie und du hast die Lösung.

Lösung auf Seite 302/303.

6. Fall: Der süße Safe

Kommissar Kreuz saß in seinem Büro und starrte grimmig auf die Wand, an der das Phantombild Toni Draises prangte. Es kam ihm so vor, als ob Toni Draise ihn spöttisch angrinste. Mit ihrer Soko-Arbeit hatten sie noch keine großen Fortschritte erzielt. Die Suche ging weiter. Zwar wussten sie inzwischen, wie Toni Draise aussah und wie groß die Bande war – aber sie mussten bald Ergebnisse vorweisen. Der Polizeipräsident, Herr Neubemmer, hatte sich gemeldet und Erfolge gefordert.

»Sie haben zwar schon viel getan, aber trotzdem. Der Kassenraub im Fußballstadion war ein gefundenes Fressen für die Zeitungen! Wenn wir den Draise nicht bald schnappen, wird die Presse über uns herfallen.«

»Na gut, irgendwann werden wir dieses Ekel schon kriegen«, machte sich Kommissar Kreuz Mut. Er holte die Akte über Leo Draise aus dem Schrank, setzte sich in seinen Stuhl und goss sich eine Tasse Tee ein. Wo war denn der Zucker? Tee schwarz schmeckte ihm nicht. Süß musste er sein. Hatte sich Benni den geholt?

»Benni!«, rief er zum Nebenzimmer hinüber. Aber von nebenan war nur Musik zu hören.

»Benni!!«

Benni Wort kam herein und schmetterte mit lauter Stimme: »Mit sechsundsechzig Jahren, da fängt das Leben an ...«

Der Kommissar hielt sich die Ohren zu. »Das ist ja schrecklich! Was kreischen Sie denn da?«

»Kreischen? Ich singe uralte Lieder. Hab in meinem Schreibtisch Kassetten von meiner Vorgängerin gefunden. Kennen Sie das?« Er riss den Mund weit auf: »Aber bitte mit Sahne!«

»Stopp! Ruhe jetzt! Wir sind doch nicht in einer Disco. Singen Sie Ihre Sahne-Lieder zu Hause! Übrigens, von wegen Sahne. Wo ist eigentlich der Zucker für meinen Tee?«

»Der Zucker? Ach ja, den hatte ich mir heute Morgen geholt. Kommt sofort.«

Und er verschwand. Der Kommissar setzte sich die Brille auf und machte sich wieder über die Akte her. Vielleicht würde er ja irgendeine Einzelheit entdecken, die ihnen weiterhelfen würde. Eine halbe Stunde später fiel ihm auf, dass Benni immer noch nicht gekommen war.

»Benni!« Diesmal schrie er noch lauter.

Kleinlaut betrat Benni Wort das Zimmer.

»Äh ja, der Zucker, ja ...«

»Ja? Was ist mit ihm? Her damit, mein Lieber!«

»Na ja, das war so: Heute Morgen machte ich mir einen Tee. Da ich keinen Zucker mehr hatte, hab ich mir Ihren ... äh, geborgt. Als ich den gerade in den Tee gegeben hatte, da klingelte das Telefon, die Post kam rein und im Computer waren neue E-Mails gemeldet. Alles gleichzeitig.«

»Na und?« Der Kommissar wurde etwas ungeduldig. »So was passiert doch alle Tage.«

»Ja«, nickte Benni, »aber dann habe ich den Zucker in den offenen Safe gestellt und während des Telefonats

251

habe ich ganz gedankenlos die Safetür zugemacht. Und jetzt haben wir ein Problem!«

Der Kommissar schaute ihn verständnislos an. »Ein Problem? Wieso?«

»Weil meine Vorgängerin mir die Kombination zum Öffnen zwar aufgeschrieben hat, aber ... ich finde den Zettel nicht mehr. Tut mir leid, Chef!«

Gequält verdrehte der Kommissar die Augen. »Ach, Benni, Sie sind wirklich ein Unglücksrabe. Dann rufen Sie eben Ihre Vorgängerin an und fragen sie. Wir können uns jetzt nicht mit einem Paket Zucker aufhalten. Wir müssen endlich diesen Toni Draise schnappen. Schließlich heißen wir Soko Draise und nicht Soko Zucker!«

Benni nickte. »Äh ja, also Frau Bergmann, die Anna, meine Vorgängerin, ist mit ihrem Mann beim Segeln. Und ihre Notfall-Telefonnummer, äh, ja ...«

»Nun sagen Sie nicht, dass die auch im Safe liegt!«

Benni nickte wieder. Diesmal wortlos.

»Ach, Benni! Sie Katastrophenheini!« Kommissar Kreuz stand auf. »Na gut, dann wollen wir mal.«

Beide gingen durch die Verbindungstür in Bennis Büro. Als sie vor dem Safe standen, fragte der Kommissar: »Können Sie sich an irgendwas erinnern, was auf dem Zettel von Ihrer Vorgängerin stand?«

Benni meinte: »Hm, es war was Musikalisches. Jedenfalls hatte sie nicht den Code direkt aufgeschrieben. Sondern ihn irgendwie umschrieben.«

Der Kommissar nickte. »Richtig. Anna Bergmann liebte Musik und summte immerzu irgendetwas vor sich hin.

Aber hier ...« Er musterte den Safe. »... hier brauchen wir keine Musik, sondern Zahlen. Genauer gesagt, vier Zahlen.«

Er schaute Benni fragend an.

»Können Sie sich denn nicht genauer erinnern?«

Benni Wort setzte sich auf einen Stuhl und dachte nach. »Ich glaube, es stand so was drauf wie *Lieder von* ... nein, es hieß *Songs von Nina und Judo.*«

»Nina und Judo?«, wiederholte der Kommissar.

»Nein.« Benni schüttelte den Kopf. »Das war es doch nicht. Aber so ähnlich. Nina, nee, Nena hieß es. Und davor Udo J. Genau. Udo J. und Nena. *Songs von Udo J. und Nena*, so stand's auf dem Zettel.«

Der Kommissar grinste. »Na, dann haben wir ja das Problem gelöst.«

Benni schaute ihn verwirrt an. »Sie kennen den Code, um den Safe aufzumachen? Ist ja irre! Allmählich werden Sie mir richtig unheimlich, Chef.«

Staunend sah er zu, wie Kommissar Kreuz eine bestimmte Zahlenkombination einstellte, die Safetür öffnete und den Zucker herausholte.

»Kunststück, schließlich gehöre ich doch der schlauen Kreuz-Wort-Bande an!«

»Und was man nicht im Kopf hat, muss man in den Beinen haben, heißt's doch. Also, lieber Chef, werde ich meine Beine in Bewegung setzen und uns unten beim Bäcker zum Tee ein paar süße Teilchen holen.«

»Eine gute Idee. Und in der Zwischenzeit bereite ich Ihr Kreuzworträtsel vor.«

Der Kommissar ging zu seinem Schreibtisch zurück.

»Aber nach dem Tee wird gearbeitet!«, rief er Benni hinterher.

»Jawohl, Zucker, äh ... Chef!«, antwortete Benni, der schon im Flur war.

Als Benni zurückkam, überreichte ihm Kommissar Kreuz das neue Kreuzworträtsel.

»Die Lösung finden Sie in den getönten Feldern. Los geht's: Frisch begonnen, halb gewonnen!«

»Das kenn ich«, meinte Benni. »Heißt das nicht so viel wie: Guten Appetit?«

Kreuzworträtsel 6

Waagerecht:

1. Zweimal sie ist 12
6. 483 minus 477 ist ...
11. Wir sind immer noch auf ihr nach Toni Draise
12. Ein Trom plus ein Junge ergibt einen Musiker
13. So hab ich Toni bezeichnet
15. US-Tennisstar (Nachname), verheiratet mit deutschem Ex-Tennisstar
18. Dicke Schnur
19. Schnell laufen
20. Gepolsterter Stuhl
23. Ein blindes Huhn findet das auch mal
24. Nicht Ost, sondern ...
26. Mädchen in der PAVIANNAHRUNG
27. Ist für Österreich wie Berlin für Deutschland

28. So heißt die Frau von 15. waagerecht mit Vornamen
31. Flussrand
34. Wird beim Sport möglichst weit geworfen
36. Sieht man an den Autos aus Recklinghausen
37. Brillenschachtel
39. Im BLEIDACH steckt der Kummer
41. Immer flott angezogene, magersüchtige Plastikpuppe (Mz.)
43. Zweimal sie ist 18
44. 13 + 86 - 93 + 3 =
45. Ich, du, er, sie, ...

Senkrecht:

1. So muss mein Tee sein
2. Kantiger Mittelteil von Boris' Nachnamen
3. Fehlt bei M-ael, um einen männlichen Vornamen zu lesen
4. Nicht dunkel
5. Wer Geld ins Sparschwein tut, will ...
6. Mit dem Segelboot fahren
7. Sie haben zwar schon viel ..., sagte der Polizeipräsident
8. Sieht man an den Autos aus Celle

9. Sieht man am Handgelenk und am Kirchturm
10. Achtbeiniges Tierchen, das mit Netzen Beute fängt
14. Kaltgetränk im NASEWEISTEENAGER
16. Mit diesem Board fährt man im Schnee
17. Schüttelt man die REISE, kommt eine Folge heraus
21. Sieht man an den Autos aus Esslingen
22. Normalerweise ist da kein Zucker drin. Bei Ihnen schon, Benni

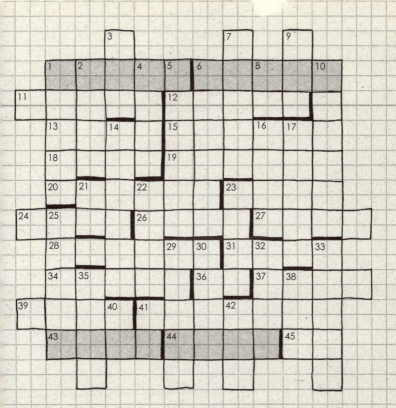

23. Aufforderung, Nahrung im Mund zu zerkleinern –
25. – um das zu tun
29. –reich und –furt
30. Verrückt im GESCHIRREIMER
32. Klein, aber ...
33. Jemand aus Russland ist ein ...
35. Beim Versteckspielen heißt es: Hänschen, ... einmal
38. Wie gesagt: Trinke ich am liebsten mit Zucker
40. Das berühmte schottische Musikinstrument heißt ... delsack
41. An einem 42. senkrecht aus Bonn sieht man es
42. Großes Fahrzeug für viele Personen

Lösung auf Seite 304/305.

7. Fall: Ein dicker Hund im Kunstmuseum

Es war Vormittag. Benni und der Kommissar saßen in der Kantine beim Frühstück.

»Wir müssen noch mal von vorne anfangen«, meinte der Kommissar nachdenklich.

»Richtig«, stimmte ihm Benni zu. »Der Käse ist super. Da sollten wir uns noch welchen holen.«

»Ich meine doch nicht das Essen! Sondern unseren Fall.«

Benni putzte sich den Mund ab. »Ach so. Ja, fangen wir noch mal von vorne an.« Er sah den Kommissar ratlos an. »Aber wo ist vorne?«

»Gute Frage«, sagte der Kommissar. »Also, ich glaube, wir sollten noch einmal bei Toni Draises Vater ansetzen. Die Beziehung zwischen ihm und Toni scheint ja doch ziemlich eng zu sein.«

Kommissar Kreuz trank seinen Tee aus.

»Auf geht's, Benni! Ohne Fleiß keinen Preis!«

Noch im Sitzen knöpfte Benni sich seine Jacke zu. Beim Aufstehen merkte er, dass er dabei das Tischtuch eingeknöpft hatte. Aber es war bereits zu spät – mit einem Riesenkrach landeten zwei Frühstückstabletts und eine kleine Vase auf dem Fußboden.

Entgeistert starrte Benni Wort auf die Bescherung und begann, die größten Scherben zusammenzusuchen, als auch schon eine Kantinenbedienstete herbeieilte.

»Äh ... der Knopf ... das Tuch ist ... das Essen hab ich ...«

258

Der Kommissar stand auf und packte ihn am Ärmel.

»Nun kommen Sie schon, Sie Trampeltier. Die Leute hier machen das schon.«

Benni entschuldigte sich bei der Kollegin von der Kantine.

»Ist schon gut, Benni«, meinte diese und schaute ihm lächelnd hinterher.

Wieder einmal fuhren sie in die Friedrichstraße zu Leo Draise.

Dieser hockte gerade in seinem Zimmer auf dem Fußboden, wo er einige Zeitungen ausgebreitet hatte, und stopfte Erde in einen Blumentopf. Als er die beiden Polizisten erblickte, verzog er das Gesicht und begrüßte sie gewohnt unfreundlich.

»Ach, ist heute wieder Bullentag? Lassen Sie mich in Ruhe. Ich bin ein alter Mann und will mit Ihnen nix zu schaffen haben! Wenn Sie nicht gleich abhauen, rufe ich Schwester Lia, die schmeißt Sie schon raus! Außerdem hab ich sowieso keine Zeit – bei uns fängt gleich die Messe an.«

»Wo Sie ganz bestimmt nicht hingehen, wie ich Sie kenne.« Kommissar Kreuz blieb ruhig. »Und wenn Sie sich nicht hier mit mir unterhalten wollen, dann kann ich Sie auch aufs Kommissariat bestellen. Ist Ihnen das lieber? Nun seien Sie mal schön artig und beantworten Sie unsere Fragen.«

Der alte Draise sagte erst mal gar nichts. »Ach, Sie können mir mal im Mondschein begegnen«, schnaubte er und warf Benni einen gehässigen Blick zu. »Und der Hohlkopf da genauso. Ihre Niete von Assistent geht mir ganz schön auf den Wecker!« Er verdrehte die Augen und ließ sich in seinen Sessel fallen. »Ich hab Ihnen doch schon x-mal gesagt, dass ich meinen Sohn nicht mehr sehe. Kapieren Sie das endlich!«

Da schaltete sich Benni ein.

»Und was war dann mit den Spielen, die Sie von Ihrem Sohn bekommen haben und die uns seine Adresse verraten haben? Und was war mit dem ausgehöhlten Kästner-Buch?«

Der Alte winkte nur ab. »Ja, okay, hat mir alles mein Sohn hingestellt. Aber das ist schon verflixt lange her. Und ich wusste ja gar nicht, was das zu bedeuten hat. Lesen tu ich sowieso nicht mehr. Und spielen? Ich doch nicht!«

»Haben Sie damals aber behauptet«, meinte Benni.

»Hab ich nicht!«

»Haben Sie doch!«

In diesem Moment klingelte das Handy des Kommissars. Es war die Einsatzzentrale.

»Hallo, Herr Kreuz. Toni Draise hat wieder zugeschlagen. Im Kunstmuseum hat er ein Bild von Ken Weser gestohlen. Wert etwa zwei Millionen. Und – stellen Sie sich vor – er hat seine Visitenkarte hinterlassen! Deswegen wissen wir sicher, dass er es war.«

»Na, das ist ja ein dicker Hund«, meinte Kommissar Kreuz. »Sehr interessant. Machen Sie mal weiter, wir kommen gleich.«

Er beendete das Gespräch und sagte zu Benni: »Draise junior hat wieder zugeschlagen. Im Kunstmuseum hat er ein Bild gestohlen. Wert: zwei Millionen Euro!«

Benni pfiff durch die Zähne. »Mein lieber Herr Gesangsverein! Zwei Millionen! Das ist eine Menge Heu!«

Der alte Draise lächelte vor sich hin und kassierte dafür prompt einen grimmigen Blick vom Kommissar.

»Da brauchen Sie gar nicht so stolz zu gucken, Herr Draise. Was Ihr sauberer Herr Sohn da getan hat, ist ein schweres Verbrechen. Aber wir werden ihm schon noch das Handwerk legen und ihn einbuchten.«

Leo Draise erhob sich aus seinem Sessel.

»Ach, kommen Sie, Herr Kommissar, einen Ken Weser zu klauen, ist doch kein schweres Verbrechen. Ist doch nur ein Bild. Und nun lassen Sie mich wieder zu meinen Blumen.«

Er nahm eine Blumenzwiebel und drückte sie in die weiche Erde im Blumentopf. Dabei verzog sich sein Gesicht zu einem breiten Grinsen.

Aber auch der Kommissar lächelte. »Ihre gute Laune wird Ihnen schon noch vergehen. Spätestens dann, wenn wir uns wiedersehen, Herr Draise.«

Der sagte nur: »Ach, verzwiebeln Sie sich endlich.«

Kommissar Kreuz schlüpfte in seine Lodenjacke. Auf dem Weg zum Auto rieb er sich die Hände und sagte: »Jedenfalls wissen wir jetzt hundertprozentig, dass der alte und der junge Draise zusammenarbeiten. Da hat sich der Senior verraten.«

Benni schaute seinen Chef an. »Verraten? Ja, spinn ich denn? Hab ich schon wieder was verpasst?«

Der Kommissar nickte. »Ja, das haben Sie. Ich weiß noch nicht genau, ob uns das was nützt. Aber immerhin weiß ich jetzt, dass die beiden unter einer Decke stecken.«

Benni öffnete die Wagentür und setzte sich ans Steuer.

»Sollten wir dann nicht den alten Draise vorsichtshalber festnehmen?«

Der Kommissar schüttelte den Kopf. »Nein, lieber nicht. Vielleicht kommen wir irgendwann einmal über den Alten an Toni Draise heran. Und je weniger die beiden kapieren, wie viel wir wissen, um so besser für uns.«

Benni umkurvte einen langsamen Radfahrer und fragte: »Aber wie hat er sich denn verraten, der Verräter?«

»Das werden Sie wie immer in einem Kreuzworträtsel erfahren. Aber jetzt geht's erst mal zum Kunstmuseum. Da können Sie sich gleich ein bisschen bilden. Oder kennen Sie etwa Bilder von Ken Weser?«

»Nein, ich kenne nur Bilder vom Weser-Stadion in Bremen.«

Kreuzworträtsel 7

Waagerecht:

1. Braucht man zum Pflanzen und steckt in der ZIMMERDECKE
5. TEEKANNE ohne Teee
8. Mein Lieblingsgetränk
10. Schwitzzimmer
11. Aus diesem Stoff ist meine Jacke
14. Das kann man am Strand und im Internet
16. Vor der Antwort kommt die ...
18. Dahin wollte der alte Draise noch gehen, was ich ihm aber nicht glaubte
20. SPREU verdreht, und alles wird ganz toll
22. In dieser Volkserzählung gibt es z. B. Zwerge, Hexen und Zauberer
23. Steckt im WASCHTISCH und im FROSCHTEICH, sagt man, um Ruhe zu fordern
24. Im SCHWEINESCHENKEL stecken Bäume
27. Eile mit ... ein gutes Sprichwort, Benni
29. Ein Riesenland mit vielen, vielen Chinesen
31. Im DAMENGEWAND steckt sehr viel drin
32. Wenn in einer Nuss nichts drin ist, ist sie ...
34. Da kommen die Autos mit dem Kennzeichen DE her
37. Und das sieht man an den Autos aus Elbe-Elster
38. Ein Los, das nicht gewinnt
39. Hat man ihn, hat man keine Angst
40. ... ist keinmal, sagt das Sprichwort
41. Wer vor allen anderen ins Ziel kommt, ist ...

Senkrecht:

1. Stadt im Ruhrgebiet, klingt nach futtern
2. Nicht rein, sondern ...
3. Musikalisches inmitten vom LANDURLAUB
4. Vorname des Künstlers, dessen Bild geklaut wurde
5. Wird aus Milch gemacht
6. Vorne ein riesiger Meeresbewohner, hinten eine Frucht mit harter Schale; zusammen schmeckt's
7. Mädchen in der STUTE
9. Himmlisches Wesen im ROSENGELB
12. Sieht man an den Autos aus Offenbach
13. Das macht ein Ventilator: sich ...
15. Das tut man mit einem Besen
17. Der STARTIGER ist so, wie's in ihm heißt
19. Heute sehe ich, gestern ... ich
21. Ihn braucht man fürs 14. waagerecht

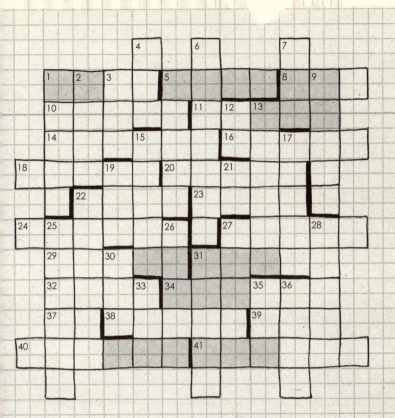

22. Anderes Wort für gut aussehend
25. 1 Euro ist eine Münze, 50 Euro sind ein ...
26. Mit ihr und Faden näht man
27. Nachname des Künstlers, dessen Bild geklaut wurde
28. Anderes Wort für Menschen, reimt sich auf »heute«
30. WEIHNACHT ohne We und acht
31. 100 Zentimeter sind ein ...
33. So heißt die Schwester im Altersheim
35. Handy-Botschaft
36. Kraftfahrzeug

Hinweis: Der Lösungssatz steht in den grau getönten Feldern.

Lösung auf Seite 306/307.

8. Fall: Toni Draise in Schwarz-Weiß

»So, mein lieber Benni, jetzt ziehen wir mal andere Saiten auf. Wir werden den alten Draise überwachen!«, sagte Kommissar Kreuz mit ziemlich verärgerter Stimme zu seinem Assistenten. »Inzwischen ist ja klar, dass Toni Draise zu seinem Vater Kontakt hat. Wie und wie oft, wissen wir nicht, aber da werden wir einhaken.«

Kommissar Kreuz kratzte sich am Kopf. »Gefühlsmäßig tippe ich darauf, dass Toni Draise seinen Vater im Altersheim besucht. Und da werden wir ihn schnappen!«

Der Kommissar schlug mit der Faust auf den Tisch.

»Hm«, machte Benni Wort nachdenklich und schob sich einen Kaugummi in den Mund. »Das wird nicht einfach werden.«

»Blubb« machte sein Kaugummi.

»Ich glaube nicht, dass der so cool reinspaziert ins Altersheim, sich anmeldet und sagt: ›Hallo, ich bin Toni Draise und möchte meinen Vater besuchen.‹« Blubb.

»Ich hab ja auch nicht gesagt, dass es einfach wird«, meinte der Kommissar brummig und tat sich ausnahmsweise einmal Kandiszucker in seinen Tee. »Aber eines weiß ich genau: Toni Draise macht immer das, was wir nicht vermuten. Und noch etwas weiß ich: Ich hasse es, wenn Sie mit mir reden und dabei Kaugummi kauen. Nehmen Sie doch das verdammte Ding raus!«

Benni errötete. Schon einige Male hatte der Kommissar ihn gebeten, nicht in seiner Gegenwart Kaugummi zu kauen. Er nahm den Kaugummi aus dem Mund und behielt ihn erst mal in der Hand, weil er nicht wusste, wohin damit.

»Sie haben wie immer Recht, Kommissar«, meinte er. »Der Draise tanzt uns nur auf der Nase rum und lacht sich wahrscheinlich in seinem Versteck ins Fäustchen.«

Wütend schlug Benni mit der flachen Hand auf eine Akte, die auf dem Schreibtisch des Kommissars lag. Es war die Hand mit dem Kaugummi!

»Genial, Benni«, sagte Kommissar Kreuz. »Ich wusste ja immer schon, dass Sie an der Arbeit kleben. Aber so sehr!« Er lehnte sich in seinem Schreibtischstuhl zurück. »Wütend zu werden, bringt uns auch nicht weiter. Das gilt übrigens auch für mich. Und sorry, dass ich Sie eben so angeblafft habe. Was Toni Draise betrifft, die Kreuz-Wort-Bande wird die Draise-Bande zur Strecke bringen. So wahr ich Kommissar bin und Kreuz heiße. Ein paar Mal hat der Draise Glück gehabt, und – na ja, leider haben wir einige Fehler gemacht. Aber nun werden wir uns auf die Lauer legen und ihn schnappen. Als Erstes installieren wir eine versteckte Kamera im Eingangsbereich des Altersheims und filmen jeden, der reinkommt.«

Benni hatte derweil mit mehr oder weniger Erfolg versucht, den Kaugummi von der Akte abzukratzen.

»Das kann ich machen. Ich baue gleich heute Abend die Kamera auf.«

»Prima, Benni. Sie können dann morgen Früh das Band abholen und herbringen. Vergessen Sie aber nicht, ein neues einzulegen.«

Als die beiden am nächsten Morgen wieder im Büro zusammentrafen, legte Benni sofort das Band der Überwachungskamera in den Rekorder ein. Der Kommissar und Benni setzten sich vor den Fernseher.

»Übrigens, Chef, ich hab mich erkundigt: Offiziell wird das Altersheim abends um zweiundzwanzig Uhr abgeschlossen. Natürlich können die Bewohner jederzeit rein und raus. Aber Besuch ist dann nur noch nach genauer Anmeldung beim Pförtner möglich. Und zwar ausschließlich durch den Haupteingang. Die anderen Eingänge sind abgeschlossen und gesichert. Hab ich selbst kontrolliert.«

Der Kommissar nickte.

Benni schaltete auf Play. »Alles in allem sind heute Nacht drei Leute gekommen. Alle drei nannten dem Pförtner ihren Namen und sagten, wen sie besuchen wollten. Diese Stellen hab ich markiert. Den Rest brauchen wir ja nicht anzuschauen.«

Sie erblickten den Eingangsbereich des Altersheims. Der Nachtpförtner saß in seiner Loge und las. Der erste Besucher hieß Rolf Danner. Er war groß, stotterte leicht und hatte riesige Hände. Mit seinen roten Haaren und dem zotteligen Bart sah er ein bisschen wie ein Orang-Utan aus.

Er sagte, er wäre gerade aus dem Ausland gekommen und wollte seiner Tante ein Mitbringsel übergeben, das leicht verderblich sei.

Der nächste Besucher hieß Ulrich Waldhaus. Ein schlanker, schwarzhaariger Mann, schlammfarbener dreiteiliger Anzug. Er hatte eine auffallend tiefe Stimme. Er wollte zu seinem Vater Karl Waldhaus. Dritter Stock, wie er sagte. Beim Sprechen sah man zwei große Goldzähne in seinem Gebiss.

Zuletzt kam eine Frau mit Namen Nora Strasser. Sie erschien um drei Uhr morgens mit einem Begleiter, den sie wie einen Sklaven behandelte. Mittelgroß, viel Schmuck, lange, braune Haare und große Rehaugen. Ihr Begleiter war klein und untersetzt. Die beiden wollten zu ihrer ehemaligen Lehrerin.

»Ganz schön was los nachts«, meinte Benni. »Mal sehen, was das Band vom Tage bringt. Das können wir ja heute Abend anschauen. Ich hole es dann ab.«

Der Kommissar lehnte sich im Sessel zurück.

»Können Sie, Benni, können Sie. Aber unseren Dokumentarfilm über die Draise-Familie haben wir schon. Wenn auch nur in Schwarz-Weiß.«

»Was?« Benni schaute seinen Chef entgeistert an.

»Ja, mein Lieber. Einer von den dreien war Toni Draise. Die Kamera war ein voller Erfolg. Jetzt müssen wir dem Pförtner nur entsprechende Anweisungen geben und beim nächsten Besuch von Draise junior werden wir sofort alarmiert. Und dann schnappen wir ihn.« Der Kommissar rieb sich die Hände. »So langsam geht's dem Toni Draise an den Kragen. Das gefällt mir, Benni.«

»Ja, aber wollen Sie mir denn nicht sagen, wer von den dreien Toni Draise war? Und wieso Sie ihn erkannt haben? Und wieso ich eigentlich nicht? Und wieso sage ich so oft ›wieso‹?«

»Wie so oft heißt es abwarten und Kreuzworträtsel lösen und dann kriegen Sie die Erleuchtung.«

»Und jetzt krieg ich die Krise, weil ich nix gemerkt habe«, meinte Benni verdattert.

»Geht vorüber. Aber wenn's Ihnen hilft, dann dürfen Sie jetzt einen Kaugummi kauen!«

»Danke, Schäff!« Blubb! Blubb!

Kreuzworträtsel 8

Waagerecht:

1. Den haben Sie sich in den Mund geschoben, Benni
9. Das mit -top ergibt einen tragbaren Computer
11. Auf sie haben Sie geschlagen, Benni
12. Ein Gas im SZENEONKEL
13. Europäische Union (Abk.)
14. Diesen Zucker tat ich in meinen Tee
15. Mit diesem Halbton beginnt jeder Fisch
16. Englisch: Spaß, z. B. beim ...-Board
17. Land im Wasser
19. Sieht man an den Autos in Biberach
20. Italienische 17. waagerecht im KAMELBART
23. Gäste kommen zu ...
25. Den macht man mit Schlittschuhen
29. Rufen Schiffbrüchige in Seenot
31. In der Schule einer, der unbedingt zu den Besten gehören will
34. Abk. für Sonderkommission
35. Hast und Hetze mit K davor ergeben Spaltmittel (Mz.)
36. Ob mit Hand oder Fuß, der muss ins Tor
38. RATEN verdreht, ergibt Sorten
39. Aus dieser Stadt kommen die Autos mit dem Kennzeichen G
41. Meeresufer
42. Ein DREH hört immer tierisch auf
43. CD zum Film-Anschauen (Abk.)

Senkrecht:

1. Wir trinken immer Tee, andere lieber ...
2. Der vom Handy sollte immer aufgeloden sein
3. Der erste Besucher sah ein bisschen aus wie ein Orang-...
4. Hochbegabt, sehr intelligent
5. Mit diesem Tier beginnt die Zahl nach 99
6. Mit A davor ein winziges Tierchen, gefragt ist aber der Vogel
7. Ihm offenbarte laut Bibel Gott die Zehn Gebote
8. UNFLEISS verdreht, wird zum Einwirken auf andere
9. Anderes Wort für Körper
10. Handel ohne Geld ist ein ...
18. Sieht man an den Autos in Neubrandenburg
21. Man kauft nicht 1 Kilo Milch, sondern 1 ...
22. Sieht man an den Autos in Braunschweig
24. Anderes Wort für lässig (englisch)

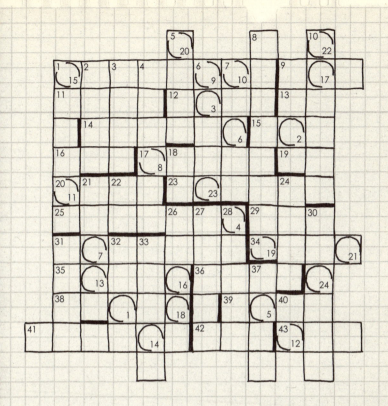

26. Am Morgen geht die Sonne auf und am ... unter
27. Vorsilbe, passend zu -reden, -fallen, -roschen
28. Vor der Antwort kommt sie
30. Wie ein ... wurde Nora Strassers Begleiter behandelt
31. Kartenspiel, das gekloppt wird
32. Mädchen in BRITANNIEN
33. Im SESSELENDE verbirgt sich Armut
37. Ein verdrehter HELM ergibt eine Bodenart
40. Anfangsbuchstabe des ersten Besuchers von Vor- und Nachname

Lösung auf Seite 308/309.

9. Fall: To-to-to-to-toni!

Es war am frühen Morgen. Trotzdem waren Kommissar Kreuz und Benni Wort beide schon im Büro, und zwar in dem des Kommissars. Der saß an seinem Schreibtisch und machte sich Notizen. Benni saß vor dem Schreibtisch, las noch die Zeitung und aß nebenbei einen Becher Milchreis.

»Hören Sie mal, was hier steht: Da ist ein Mann von einer zwanzig Meter hohen Eisenbahnbrücke runtergefallen und hat sich nix getan. Und wissen Sie, warum?«

»Keine Ahnung«, murmelte der Kommissar. »Hat eben Glück gehabt!«

»Nein, nein«, meinte Benni, »er hat sich nix getan, weil, er fiel auf eine ... Weiche!« Benni legte die Zeitung weg und prustete laut los. »War nur ein Scherz.«

Kommissar Kreuz musste widerwillig auch ein wenig lachen. Bennis Gelächter war einfach ansteckend.

»Und wissen Sie, was ich bin, wenn Sie nicht da sind, Benni?«

Benni Wort schaute ihn fragend an.

»Wortlos. Wortlos!«

Benni lachte und blätterte weiter in der Zeitung.

»Ah, hier ist der angekündigte Artikel über Sie, Herr Kommissar.«

»Hab ich schon gelesen«, brummte der Kommissar uninteressiert.

»Na, da kommen Sie aber prima weg: *Er ist der leise*

Detektiv«, las Benni vor, »*der deutsche Sherlock Holmes, der sogar einmal Kollegen in Nepal zu einem großartigen Fahndungserfolg verholfen hat. Na, das klingt doch super. Und hier: Kommissar Kreuz sitzt nicht auf dem hohen Ross, er ist für alle seine Mitbürger ansprechbar. Und er packt zu. Kurz und hart. Verbrechen lohnt sich nicht mehr! Er hat noch jeden gefangen ... Seine schärfste Waffe ist nicht seine Pistole, sondern sein Gehirn. Kommissar Kreuz ist übrigens nicht nur ein Fachmann für rätselhafte Kriminalfälle, sondern auch Sammler und Liebhaber von Rätseln aus aller Welt. Mit seinem messerscharfen Verstand wird es ihm nicht schwerfallen, uns alle von der Plage Toni Draise zu befreien. Originalton Kommissar Kreuz: ›Die Zeit von Toni Draise ist abgelaufen. Seine Festnahme steht kurz bevor.‹* – Na, bravo, Chef, davon weiß ich ja gar nix!« Benni legte die Zeitung weg und sah seinen Chef fragend an. »Soll ich schon mal eine Torte bestellen?«

»Genug jetzt«, meinte der Kommissar. »Wenn Sie schon in meinem Büro herumsitzen, dann tun Sie auch was Sinnvolles! Zu viel Schwatzen kocht den Reis nicht gar, heißt es in Afrika.«

»Aber der ist doch schon gar«, sagte Benni und zeigte auf seinen Milchreis.

In diesem Moment klingelte das Telefon. Benni nahm ab.

»Hier Benni Wort, Soko Toni Draise!«

»Hallo, Herr Wort«, brummte eine Bassstimme aus dem Telefon, »einen schönen guten Tag wünsche ich.«

»Wer ist denn da, bitte?«, fragte Benni.

»Na, raten Sie mal!«

»Ja, wer schon? Der weiße Riese? Der böse Wolf?

Stefan Effenberg? Rudi, der Rabe? Also, sagen Sie schon, wer Sie sind, oder ich lege auf!«

»Hier ist einer, ohne den es Ihre Soko nicht gäbe, lieber Herr Wort.«

Benni schluckte. »Sie … Sie meinen, Sie … Sie … Sie sind …«

Der Kommissar blickte interessiert von seinen Notizen auf.

»Ja, richtig, hier ist Toni Draise!«

»Es ist To-to-to-to-toni!«, flüsterte Benni und streckte dem Kommissar den Hörer hin.

Ungeduldig riss der den Hörer an sich, drückte zuerst auf den Freisprech- und dann auf den Aufnahmeknopf und leitete damit eine Fangschaltung ein, die ermitteln sollte, woher der Anruf kam.

»Hallo, hier ist Kommissar Kreuz. Wer spricht?«

»Oh, der Kommissar höchstpersönlich. Hier ist Toni Draise!«

»Ach, nee«, machte der Kommissar, »Toni Draise. Na, so was. Wollen Sie sich freiwillig stellen? Wo dürfen wir Sie denn abholen?«

Aus dem Hörer ertönte ein Lachen. »Ja, ja, Sie sind immer gut für einen Scherz, ich weiß. Natürlich will ich mich nicht stellen. Wozu auch? Es macht viel mehr Spaß, Sie und Ihren aufgeregten Assistenten an der Nase herumzuführen!«

Benni bekam einen roten Kopf.

»Übrigens«, fuhr Toni Draise fort, »ersparen Sie sich die Mühe, den Anruf zurückzuverfolgen. Erstens schaffen Sie es sowieso nicht und außerdem lege ich gleich auf.«

»Und was wollen Sie dann?«, knurrte der Kommissar.

»Och, ich habe den Artikel über Sie gelesen. Das mit der baldigen Festnahme fand ich doch sehr lustig! Und dann wollte ich Ihnen noch erzählen, dass ich morgen wieder viel Geld verdienen werde!«

»Ach!« Der Kommissar gab sich erstaunt. »Erzählen Sie mal.«

»Aber gerne. Wie wär's mit einem Rätsel? Sie sind doch der große Rätselonkel. Aber meines werden Sie nicht lösen. Passen Sie auf:

Ein gefräßiges Tier liegt im Bett
und erwartet jemand nett.
Die Oma ist verschwunden,
das Mädchen hat sie nicht gefunden.
Und schwupps ist auch das Mädchen weg.
Doch wird's gerettet, krieg keinen Schreck.

Na, haben Sie's kapiert? Jedenfalls werde ich mich morgen dort glänzend unterhalten! GLÄNZEND! Ha, ha! Glänzend ist gut! Und Sie werden wieder mal machtlos sein! War nett, mit Ihnen geplaudert zu haben. Schönen Gruß an Ihren Super-Assistenten!«

»Aber ...«, sagte der Kommissar noch, doch Toni Draise hatte schon aufgelegt.

Benni hatte einen hochroten Kopf. »Wie meint er das mit dem Super-Assistenten?«

Der Kommissar winkte ab. »Machen Sie sich nichts draus, Benni. Der verspottet uns alle beide! Aber ... meine Güte, hat der viel gequatscht! Jetzt wird er übermütig. Und wer übermütig wird, macht Fehler. Wenn's dem Esel zu wohl wird, geht er aufs Eis tanzen.«

Und er wollte sich schnell das Rätsel von Toni Draise aufschreiben, um den Wortlaut nicht zu vergessen.

»Das brauchen Sie nicht«, sagte Benni eifrig. »Wir hören uns das Gespräch einfach noch mal an.«

Er drückte nacheinander auf zwei Tasten und sie hörten ... *Super Trouper* von Abba!

»Sorry, jetzt hab ich versehentlich vorgespult. Wissen Sie, ich benutze immer die Kassetten von Frau Bergmann.«

Benni spulte das Band zurück und endlich hörten sie noch einmal Toni Draises Stimme mit dem Rätsel.

Der Kommissar dachte eine Weile nach. Dann fragte er seinen Assistenten: »Sagen Sie mal, Benni, in der Hauptstraße, da gibt es doch fünf große Juweliere. Wie heißen die doch gleich?«

Benni dachte kurz nach. »Der neben der Kirche heißt VON SCHWINGENBERG und ist gar nicht so groß ... Der neben dem GASTHOF ZUM SCHÖNEN WALLIS, der heißt METZGER. Das weiß ich deswegen, weil ich da am Anfang hingegangen bin, um Wurst zu holen. Dabei heißt er bloß ...«

Ein Blick von Kommissar Kreuz ließ Benni innehalten.

»Okay, schon gut. Also, gegenüber vom Postamt ist das Geschäft von Eliane Trenz – TRENZ, UHREN UND SCHMUCK oder so ähnlich heißt das. Dann gibt es noch das Geschäft mit der goldenen Uhr draußen, das gehört einer gewissen Tina Wolf, und hinten beim Kaufhaus ist noch der Juwelier RALF PISTORIUS.«

»Benni, wir haben ihn!«, sagte da der Kommissar triumphierend. »Dieses Mal hat er zu viel geschwatzt. Der Dummkopf erzählt uns doch tatsächlich, wo er morgen hinwill! Tja, zuhören muss man, den Gangster reden lassen, dann verrät er sich schon!«

Bennis Kopf wurde erneut hochrot.

»Äh – ja, sagen Sie mal, Chef, meinen Sie etwa das Rätsel? Ein Tier im Bett, das ist doch ... wo wollen Sie ihn denn schnappen?«

»Schwierig, nicht wahr? Lesen Sie es wie immer im neuen Kreuzworträtsel. So viel Zeit haben wir noch. Danach müssen wir aber noch einiges vorbereiten für morgen.«

»Genau! Ich muss noch Tee einkaufen.«

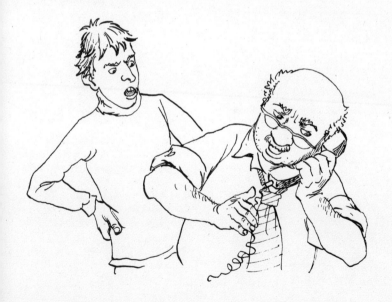

Kreuzworträtsel 9

Waagerecht:

1. Kommt ..., kommt Rat
5. So heißt das Gasthaus neben dem Juwelier: Zum schönen ...
11. Zu viel Schwatzen kocht ihn nicht gar
12. Keine Kopie, sondern ein ...
14. SITTER verdreht, ergibt ein russisches Computerspiel
15. John, Paul, George und Ringo waren die ...les
16. In einen Hundehaufen sollte man nicht ...
18. Schwedische Popgruppe, deren Songs auf unserer Kassette sind, Benni
21. Schlafstätte
24. Wenn's dem zu wohl wird, geht er aufs Eis tanzen
25. Vergangenheit von »ich hebe«: ich ...
26. Nicht laut

27. Viele Schnaken im Sommer sind eine ...
28. Uhu ist ein ...stoff
30. Anderes Wort für Klauen
32. Zimmer für Schreibtischarbeit
33. Junge im WALFANG
34. Wenn alles vorbei ist, ist das das ...
35. Spitzname des Fußballers, den Sie am Telefon nannten
37. Es gibt Heidel-, Brom- und Him- (Mz)
41. Anderes Wort für Pferd
42. Ein Buchstabe weniger und aus VERRATEN wird »Rätsel lösen«
43. Sieht man an den Autos in Aachen

Senkrecht:

1. Darauf schreibt man Notizen
2. Friede, Freude, ...kuchen
3. Rennstrecke bei Ski- und Autorennen
4. TOTER verdreht, ergibt etwas zum Essen
6. Daraus wird Popcorn gemacht
7. Sieht man an den Autos aus Lüneburg
8. Von alten Rätseln bin ich ein Sammler und ein ...
9. ANTI verdreht, ergibt ein Mädchen

10. TV-Sender mit einer 1 nach dem Namen
13. Gegenteil von Zwerg
15. Es gibt z. B. Volley... und Basket...
17. Den Kollegen dort hab ich einmal geholfen
19. Ohne ihn kann man keinen Pfeil abschießen
20. Tageszeit im RABENDASEIN
22. Das Handy ist ein ...
23. Der STIER endet mit dem, was er ist

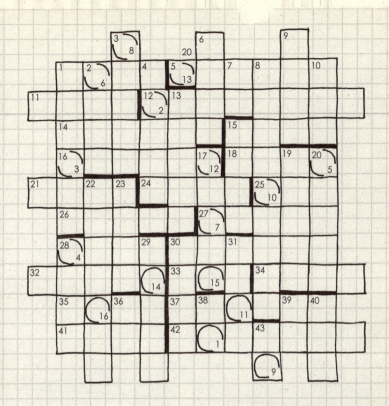

28. Beim Eislauf gibt es neben der Pflicht auch die ...
29. Sind Sie der ... Wolf, fragten Sie Toni Drause
30. Oder sind Sie Rudi der ...
31. Links und rechts ist das, in der Mitte der Fluss
36. Sieht man an den Autos aus Freising –
38. – und das an denen aus Erlangen

39. Anfangsbuchstabe von Vor- und Nachnamen der Juwelierin gegenüber vom Postamt
40. Alles ... macht der Mai

Lösung auf Seite 310/311.

10. Fall: **Der große Tag der Soko**

Polizeipräsidium, dritter Stock, erstes Zimmer links vom Aufzug, sehr, sehr früh am Morgen. Draußen war es noch dunkel, aber drinnen gaben die Lampen ein grelles Licht und es herrschte eine gespannte Stimmung. Um den Tisch herum saßen Kommissar Kreuz, Benni Wort und noch einige Kollegen in Zivil, die bei der Festnahme von Toni Draise helfen sollten.

Der Kommissar erinnerte alle noch einmal daran, um wen es bei der Festnahme ging.

»... und damit beläuft sich die Gesamtsumme seiner Raubzüge auf stattliche siebzehn Millionen Euro! Kolleginnen und Kollegen, das ist ein ganz dicker Fisch, den wir uns heute angeln werden!« Dann erklärte er allen, welche Position sie einzunehmen hatten.

»Da bleibt ihr, bis etwas passiert. Und zwar unauffällig«, sagte er nachdrücklich. »Schließlich soll der Draise ja nicht sofort merken, dass wir da sind!«

»Yes, Sir«, sagte Benni gut gelaunt, verstummte aber, als er sah, wie ernst ihn alle anschauten.

Die Kollegen wussten, was für die Polizei auf dem Spiel stand.

»Außerdem«, fuhr der Kommissar fort, »außerdem haben wir überall Kameras installiert: an der goldenen Uhr vor dem Geschäft, im Geäst der Bäume, dann auf der Baustelle gegenüber auf dem Kran. Ich selbst werde auf der anderen Straßenseite in einem Lieferwagen sitzen und alles beobachten. Ich kann leider nicht im Geschäft sein, was mich wahnsinnig ärgert. Aber Toni Draise kennt mein Gesicht aus dem Hotel und natürlich auch aus der Zeitung. Damit Frau Wolf, die Inhaberin des Geschäfts, nicht in Gefahr gerät, wird sie durch unsere Kollegin Petra Wade ersetzt. Benni Wort dagegen wird sich als Kunde im Geschäft aufhalten.«

Deswegen war Benni Wort von allen Anwesenden der Eleganteste. Schon bei seinem Eintreten hatte er wegen seines dunklen Anzugs und der Seidenkrawatte von den Kolleginnen anerkennende Pfiffe geerntet.

»Da sieht man es mal wieder: Kleider machen Leute«, hatte der Kommissar gesagt, als er ihn in seinem schicken Anzug gesehen hatte. Benni hatte heute sogar seinen Kaugummi zu Hause gelassen und sich besonders sorgfältig die Haare gekämmt.

Nun blickte er triumphierend in die Runde. »Tja, zur Feier der Festnahme habe ich ein besonderes Geschenk für Toni Draise dabei: ein metallisches Abführmittel!«

Die anderen schauten ihn ratlos an.

»Na, ist doch klar, Handschellen«, meinte er lässig.

Kommissar Kreuz räusperte sich. »Auf geht's«, sagte er. »Wir sollten sehr früh da sein. Wir müssen schon drin sein, bevor Toni Draise beginnt, das Geschäft zu beobachten. Achten Sie auf jede Bewegung und auf jedes Geräusch. Und hüten Sie sich vor zu schnellem Eingreifen! Toni Draise muss dieses Mal geschnappt werden!«

Alle brachen auf und gelangten auf verschiedenen

Wegen zum Juweliergeschäft Wolf. Eine Polizistin setzte sich mit einem Buch ins Wartehäuschen der Bushaltestelle, ein Kollege stellte sich mit seinem Handy an den Straßenrand und tat so, als ob er telefonierte – alle gingen auf ihre Plätze. Der Kommissar verschanzte sich in dem Beobachtungs-Lieferwagen, in dem er auf verschiedenen Monitoren verfolgen konnte, was die Kameras aufnahmen. Diesmal benutzten sie als Tarnung einen dunkelblauen Lieferwagen, an dessen Seiten die Aufschrift stand: »Tee und Eistee vom Feinsten! Vertriebsgesellschaft Knigge, Bremen«.

Um Punkt neun Uhr schloss die Polizistin Petra Wade die Ladentür auf. Kurz darauf betrat Benni Wort das Geschäft und ließ sich von seiner Kollegin jede Menge Manschettenknöpfe zeigen.

»Die hier gefallen mir. Was kosten die? Zweihundertachtzig Euro? Na ja, dann packen Sie mir mal ein halbes Pfund von der Sorte ein.«

Benni lachte. Petra Wade zischte ihn an, er solle keine Faxen machen. Sie und alle anderen waren äußerst angespannt. Aber lange Zeit geschah nichts. Eine Stunde nach Öffnung kam ein junges Pärchen, das sich nach Verlobungsringen erkundigte und wieder ging.

»Weiter aufpassen! Und keiner tut etwas ohne mein Kommando!«, funkte der Kommissar seinen Leuten zu.

Das war aber auch schon das Letzte, was er für lange Zeit sagte. Denn kurz darauf erhielt er einen Schlag auf den Kopf und fiel besinnungslos zu Boden.

Benni schaute sich unterdessen im Juwelierladen um. Er war ganz entsetzt, als er die kleinen Preisschildchen in einer Vitrine mit Brillantringen gelesen hatte. Das Zeug war ja zusammen mehr wert als die englischen Kronjuwelen! Kein Wunder, dass Toni Draise sich den Laden ausgesucht hatte.

Nervös zupfte Benni an seiner Seidenkrawatte. So richtig wohl fühlte er sich in dem feinen Anzug nicht. Den trug er sonst nur, wenn er zu einer Hochzeit eingeladen war.

Komisch, dachte er, der Kommissar hat sich schon lange nicht mehr über Funk gemeldet! Aber, so beruhigte er sich, es ist ja auch nichts los.

Die Türglocke summte. Zwei Männer traten ein. Keiner sah wie Toni Draise aus, stellte Benni Wort insgeheim beruhigt fest. Die beiden schauten sich ein wenig um und gingen dann gemeinsam zur vermeintlichen Geschäftsinhaberin. Beide standen mit dem Rücken zu Benni und verdeckten seine Kollegin. Und schon wieder ging die Tür auf. Das junge Pärchen von vorhin kam erneut herein. In dem Augenblick hörte Benni, wie einer der Männer sagte: »Diese Uhr hier, die gefällt mir sehr gut!« Die Stimme! Diese Stimme kannte er! Es war eine auffallend tiefe Stimme. Benni bekam eine Gänsehaut.

Betont unauffällig schlenderte er durch den Laden und stellte sich vor eine Vitrine, durch die er die beiden Männer sehen konnte. Da! Beim Reden blitzte es bei dem Mann mit der tiefen Stimme auf. Goldzähne! Kein Zweifel, Toni Draise befand sich nur wenige Meter von ihm entfernt. Benni Wort drehte sich von den beiden weg und flüsterte in sein Funkgerät: »Herr Kommissar! Herr Kommissar! Er ist hier! Bitte kommen!«

Keine Antwort.

Was sollte er jetzt tun? Ohne das Kommando des Kommissars durfte er gar nichts tun. Was hatte der Kommissar vor? Noch einmal versuchte er, ihn zu erreichen. Wieder keine Antwort. So ein Bockmist, da vorne stand Toni Draise, ahnungslos in der Falle, und ihm, Benni, waren die Hände gebunden. Ganz ohne Handschellen!

Inzwischen war auch das Pärchen zu dem Tisch mit den Armbanduhren getreten und stand direkt neben den Gangstern. Benni stöhnte lautlos. Wenn alles schiefging, würden Toni Draise und sein Komplize die beiden womöglich als Geiseln nehmen. Verdammt! Er musste jetzt handeln! Egal, was der Kommissar vorhatte!

»Alle Mann zugreifen!«, schrie er in sein Funkgerät und stürzte sich mit einem Hechtsprung auf Toni Draise.

Petra Wade zog ihre Dienstwaffe und richtete sie auf Draises Komplizen. Der war so überrascht, dass er die Arme hob und keinerlei Gegenwehr leistete. Dafür wehrte sich Toni Draise umso heftiger! Er kugelte mit Benni über den Fußboden, trat und biss und versuchte verzweifelt, seinen Widersacher loszuwerden. Zum Glück kamen nun die anderen Kollegen von draußen hereingestürmt und wenige Sekunden später klickten die Handschellen.

Benni Wort persönlich war es, der sie Toni Draise anlegte und dabei vor Aufregung schnaufte.

»Mein Geschenk für Sie. Vom Super-Assistenten. Das war's jetzt für Sie. Keine dreisten Draise-Raubzüge mehr. Ende, Punkt, Aus!«

Als Nächstes durchsuchte er Toni Draise nach Waffen, fand aber keine. Immerhin entdeckte er in dessen Brieftasche einen Plan des Juweliergeschäfts, in dem auch die Alarmanlage und der Safe eingezeichnet waren.

»Aha«, machte Benni, »der Lageplan. Na, der Lageplan von Ihrer Zelle wird einfacher aussehen.«

Toni Draise schwieg, setzte sich auf den Rand eines großen Blumenkübels und sah Benni verächtlich an, während der weiter die Papiere durchsah.

»Was tun Sie denn da?«, rief Petra Wade plötzlich, zog Draise von dem Kübel weg und fuhr suchend mit den Fingern durch die Blumenerde.

»Da schau her, da sollte wohl noch ganz schnell was versteckt werden!«, sagte sie triumphierend und hielt einen Schlüssel in die Höhe. Auf dessen Anhänger war zu lesen: HEIMAT RESL.

»Eine Freundin«, meinte Toni Draise schnell.

»So, so. Das kann aber keine wirklich gute Freundin sein, wenn Sie den Schlüssel mitsamt Anhänger wegschmeißen wollten.«

Benni überlegte. Welche Tür öffnete dieser Schlüssel? Und was bedeutete die Aufschrift auf dem Anhänger?

»Herr Wort«, unterbrach ihn einer der Kollegen, »kommen Sie mal. Wir haben den Kommissar gefunden. Er wurde niedergeschlagen!«

»Was? Wo denn?«

Benni stürmte raus zum Überwachungswagen.

Der Kommissar lag mit geschlossenen Augen auf dem Boden des Wagens, bewusstlos.

»Herr Kommissar! Kommissar Kreuz!« Benni kniete sich nieder. »So holt doch mal jemand die Sani...«

In diesem Moment hörte er auch schon die Sirene des Notarztes.

Der Kommissar wurde auf eine Trage gelegt und in den Krankenwagen geschoben, der mit Sirenengeheul Richtung Krankenhaus davonbrauste.

Benni blieb zurück und organisierte den Abtransport der beiden Verbrecher ins Kommissariat. Dort angekommen, rief er erst einmal im Krankenhaus an.

»Wie geht es Kommissar Kreuz? ... Na, Gott sei Dank. Wann kann ich ihn besuchen? ... Heute Abend? ... In Ordnung. Danke, Frau Doktor.«

Er legte auf und atmete tief durch. Das war noch mal gut gegangen. Der Kommissar war inzwischen erwacht. Ihm drehte sich noch der Kopf, er hatte eine große Beule und sollte sicherheitshalber noch einen Tag zur Beobachtung im Krankenhaus bleiben. Aber morgen Früh würde er höchstwahrscheinlich schon wieder putzmunter sein.

Ihm dreht sich der Kopf und ich drehe bald durch ohne ihn, dachte Benni und drehte Toni Draises Schlüsselanhänger wie einen Propeller in der Luft herum.

Drehen! Hm!

Da kam Benni eine Idee. Genau, das war es! Und so fand er heraus, was die Aufschrift auf dem Schlüsselanhänger bedeutete. Und vor allem erfuhr er, wo Toni Draise die Siebzehn-Millionen-Beute seiner vielen Raubzüge versteckt hatte.

»Ha!«, sagte er laut. »Jetzt weiß ich, wo der Ken Weser versteckt ist und das ganze Geld. Und das holen wir jetzt als Erstes.«

Er griff zum Telefonhörer.

»Und wenn alles sichergestellt ist, dann werde endlich ich dem Kommissar ein Kreuzworträtsel machen. Soll der sich mal den Kopf zerbrechen.«

Benni musste grinsen.

»Ein bisschen angeknackst ist er ja schon, der Kopf!«

Kreuzworträtsel 10

Waagerecht:

1. Diamant, Rubin und Opal sind ...
11. Auf Geräusche achten, horchen
12. Im LASTWAGEN steckt ein Teil vom Baum
13. Wenn Sie in Esslingen sind, Herr Kommissar, dann sehen Sie das auf den Autos
14. Diese Tiere sehen Sie nicht in Esslingen, aber im Wald
15. Nachname der Kollegin, die Frau Wolf ersetzte
17. Den Spruch kennen Sie natürlich, lieber Kommissar: ... zu sein bedarf es wenig
19. Gras abschneiden
20. Abk. für Bundesautobahn
22. Bedeckt unseren Körper
23. 30 Minuten sind eine ... Stunde
25. Nicht gebraucht
26. Kleinste Münzeinheit
29. Das sehen Sie an den Autos aus Krefeld, Chef
30. In den STÜRMEN geht sie auf
31. Mit ihnen hebt man beim Bau schwere Lasten hoch
32. Es gibt eines in der Friedrichstraße
35. Spanien, Italien und andere Länder liegen am Mittel...
37. Getränk der Vertriebsgesellschaft Knigge, Bremen
40. Im ATHENNEBEL sieht man es kaum, dieses Tier
41. Ein normaler Würfel hat sechs davon

Senkrecht:

1. Wie der ... im Porzellanladen, heißt eine Redensart
2. Der, die, ..., da fehlt doch was
3. In HEUROLLEN findet man diese Münze
4. Sie badet im KOCHELSEE
5. Zu ihm wird 1. waagerecht verarbeitet
6. Dort arbeiten Schauspieler
7. Sie erfüllt einem im Märchen drei Wünsche
8. Das sehen Sie an den Autos in Ingolstadt, Chef
9. LADEN verdreht, ergibt ein Nähgerät
10. Vor dem Lösen muss man die Rätsel ...
15. Schmerz tut ...
16. Ein Ausruf in den BAHAMAS
18. Viele von ihnen ergeben ein Fell
21. Schwellungen am Kopf nach einem Schlag
22. Ein Schäfer muss die Schafe ...
24. In der Stadt spielt Werder ... im Weser-Stadion
27. Nicht weit weg

28. Unser Getränk, das wir hoffentlich noch oft genießen werden. Und zwar zusammen!

29. Gelenk zwischen Oberschenkel und Schienbein

32. In jedem *NAMEN* steckt ein Gebetsschluss

33. Das, was übrig bleibt

34. Ich, du, er, es: Was fehlt?

36. Sieht man an den Autos aus Recklinghausen

38. Yes, ..., sagte ich heute Morgen gut gelaunt

39. Sieht man an den Autos aus Trinidad und Tobago

Hinweis: Das Lösungswort steht in den grau getönten Feldern.

Lösung auf Seite 312–315.

LÖSUNGEN

1. Fall: Eine Bande wird gebildet

Mithilfe des Kreuzworträtsels war Benni Wort schließlich auf die Lösung gekommen. Jetzt hatte er auch begriffen, warum der Zettel so merkwürdig geschrieben war. Er nahm ihn noch einmal in die Hand:

hEUTE aBEND VORM »sCHWARZEN pECH« – EINS.

Eines war ihm ja gleich aufgefallen: Da, wo eigentlich die Großbuchstaben hingehören, nämlich an den Anfang, standen kleine Buchstaben, und da, wo sie kleingeschrieben werden müssten, standen Großbuchstaben. Also genau das Gegenteil von dem, was normal ist. Und das war das Schlüsselwort für Kommissar Kreuz gewesen: GEGENTEIL. Man musste die Botschaft nur ins Gegenteil setzen, dann hatte man die richtige Botschaft.

»Und die Eins?«, fragte Benni Wort.

»Ja, die Eins! Das war ein Problem«, räumte Kommissar Kreuz ein und goss sich eine Tasse Kaffee ein. »Was ist das Gegenteil von eins? Es gibt kein Gegenteil von einer Zahl, hab ich immer gedacht. Aber als ich auf das Zifferblatt meiner Uhr schaute, hatte ich plötzlich die Lösung. Eins ist eine Stunde nach zwölf, das Gegenteil muss also eine Stunde vor zwölf sein, elf Uhr! Entschlüsselt heißt die Botschaft also: MORGEN FRÜH IM WEISSEN GLÜCK, ELF. Das WEISSE GLÜCK ist eine Kneipe am Stadtrand. Und da werden wir die Ganoven morgen Früh festnehmen.« Der Kommissar grinste. »Das wird ein Fest für uns, wenn wir alle auf einen Schlag einkassieren!«

Benni nickte, gab ihm den Zettel zurück und stieß dabei die Kaffeetasse des Kommissars um. Der Kaffee ergoss sich über seine Hose.

»Unverhofft kommt oft«, sagte der Kommissar schicksalsergeben.

»Zum Glück ist es eine kaffeebraune Hose«, meinte Benni.

Lösung Kreuzworträtsel

Waagerecht:

1. Bande, 6. Beben, 11. Sauna, 12. Lego, 13. Schrank,
14. Cats, 16. geh, 17. Eid, 20. Keks, 21. Neubemmer, 25. Ameise,
28. Arie, 29. kurz, 30. Ost, 31. Hemd, 32. (Ki)Stefan(ta),
34. Stoss, 35. Edam, 37. neu, 39. See, 40. nennen, 41. wenn

Senkrecht:

1. Besen, 2. Asche, 3. nah, 4. Dur(st), 5. Jena, 6. Bank,
7. Nelke, 8. Becker, 9. Weg, 10. Notbremsen, 15. As, 17. euer,
18. Ibiza, 19. de, 22. messen, 23. Matt(hias), 24. Riesen,
25. Akten, 26. muede, 27. Sonne, 31. Hose, 33. Fans, 36. MN,
38. (Ba)Uwe(sen)

Lösungswort: *GEGENTEIL*

2. Fall: Eine Falle für Toni Draise

Man muss schon sagen, dass Kommissar Kreuz hier nicht besonders gut ausgesehen hat. Ein alter Hase wie er! Na ja, bei Benni ist das kein Wunder, der lernt ja noch. Nach dem Lösen des Kreuzworträtsels war ihm aber sofort klar, wodurch Toni Draise sich verraten hatte.

Benni klopfte auf seinen Kopf. »Aua! Nächstes Mal denkt mein scharfes Hirn aber schneller!«

Der Kommissar nickte. »Ja, klopfen Sie ruhig auf Ihr Schafshirn, Sie Holzkopf!« Er seufzte tief. »Und vor allem auf meines. Dann kapieren wir vielleicht nächstes Mal schneller, dass Anklopfen verräterisch ist!«

»Genau«, sagte Benni Wort. »Wer klopft schon an, wenn er in sein eigenes Zimmer will? Nur wird Toni Draise denselben Fehler nicht noch einmal machen. Leider!«

Der Kommissar nickte. »Aber er wird einen anderen machen. Und dann schnappe ich ihn mir.«

»Und ich helfe Ihnen beim Schnappen«, erwiderte Benni und setzte sich auf den Stuhl, auf dem der Hut des Kommissars lag.

»Aber seien Sie bitte auf der Hut – und nicht auf *dem* Hut«, sagte der Kommissar und verdrehte die Augen.

Lösung Kreuzworträtsel

Waagerecht:
1. Vase, 5. Tasche, 11. ROM, 12. Chor, 13. Tier, 14. Rehe,
15. Rio, 16. Affe, 17. Haare, 20. scheu, 23. Walnuss, 26. kein,
27. nadelt, 28. rund, 29. Gregor, 30. (M)Arsen(de),
31. Lampe, 34. laufen, 37. man, 38. anbauen, 40. lesen, 41. denkt

Senkrecht:
1. Vorhang, 2. Name, 3. Schande, 4. Ehe, 5. Tore, 6. Paris,
7. Stock, 8. CIA, 9. Chef, 10. erfunden, 18. Alarm, 19. Ruegen,
21. Heu, 22. eins, 24. SLO, 25. Strand, 28. rauben, 32. AOL,
33. Pass, 34. Land, 35. Fan, 36. EU, 37. ME, 39. E.T.

Lösungswort: *ANKLOPFEN*

3. Fall: Der alte Draise

Kommissar Kreuz ist ein scharfer Beobachter. Das muss sein junger Assistent Benni erst noch lernen. Der alte Draise hatte in seinem Zimmer einen Packen Spiele, die sehr verstaubt waren. Gleichzeitig aber behauptete er, dass er viel mit seinen Kumpels spielen würde. Dann aber, so folgerte der Kommissar, wären die Spiele nicht so verstaubt.

»Also«, erklärte er Benni, »hab ich mir die ganze Sache mal näher angeschaut. Und dabei ist mir aufgefallen, dass die Anfangsbuchstaben der Spiele Folgendes ergeben: CARLSTRASSE ELF. Das musste die Adresse von unserem Gangster sein!«

»Damit sein Vater die Adresse nicht vergisst«, folgerte Benni. »Also hat der alte Draise doch nicht gelogen, als er sagte, dass er vergesslich sei!«

Der Kommissar nickte. »Zu dumm, dass Toni Draise schon ausgeflogen war.«

»Aber ein Gutes hatte das alles. Ich hab wieder ein Kreuzworträtsel bekommen«, freute sich Benni.

»In der Zeit können Sie wenigstens nix anstellen, Sie Oberschlaumeier! Aber jetzt dürfen Sie sich unten beim Italiener anstellen und das Eis holen, zu dem ich uns eingeladen habe. Hier haben Sie fünf Euro.«

»Vanille oder Schokolade?«

»Erdbeer!«

Lösung Kreuzworträtsel

Waagerecht:
1. ausfragen, 11. Leier(kasten), 12. davor, 13. Streife, 15. Garn,
16. mager, 18. Rinde, 21. Zehe, 22. Ringo, 23. PA, 25. tarnen,
27. Leo, 29. Eber, 33. Stuhl, 34. Draise, 35. Marder, 38. Elton,
41. AN, 42. Eis, 43. Fiesling, 44. rot

Senkrecht:
1. alt, 2. Na(Tuer)lich, 3. Sieger, 4. feiern, 5. irr, 6. Adern, 7. Gag, 8. Eva,
9. Nordpol, 10. gerne, 14. Friesen, 16. (Rekla)Meter(min), 17. aha,
19. Iglu, 20. no, 24. alles, 26. NT, 28. (R)Ehre(servat), 30. (El)Bali(cht),
31. Ei, 32. RS, 35. Mai, 36. Anna, 37. dir, 38. EF, 39. Tee, 40. OS

Lösung: *ANFANG DER SPIELETITEL*

4. Fall: 1:0 für Toni Draise

»Dass Toni Draise der Kassenräuber war, ist ja wohl klar!«, sagte Kommissar Kreuz später zähneknirschend.

»Frech wie Oskar ist der Kerl«, stimmte ihm Benni Wort zu.

»Und so langsam begreife ich auch, wie er vorgeht«, sagte der Kommissar. »Er tut immer genau das, was niemand von ihm erwartet. Aber nicht mehr lange.«

Kommissar Kreuz hatte nämlich erkannt, dass die Diebesbeute beim alten Draise versteckt werden sollte. Nachdem er und sein Assistent den alten Draise einmal besucht hatten, würden sie dort in der nächsten Zeit nicht mehr vorbeikommen, hatte Toni Draise wohl gedacht. Und hatte deshalb das Geld bei seinem Vater verstecken wollen. Und zwar in einem ausgehöhlten Buch. Bei Emil Tischbein!

»Dass ich da nicht draufgekommen bin!«, sagte Benni. »Schließlich hab ich ja auch mal *Emil und die Detektive* gelesen!«

Das war es. Emil Tischbein ist der kleine Held in dem Buch *Emil und die Detektive* von Erich Kästner. Und das hatte der Kommissar seinerzeit im Regal von Toni Draises Vater gesehen. Drum war er sofort hingefahren, um zwischen den Buchseiten nachzusehen. Aber nachdem der Gangster mitbekommen hatte, dass sein Komplize den Namen Emil Tischbein laut genannt hatte, änderte er sofort seinen Plan und brachte das Geld woanders hin. Kommissar Kreuz hatte das ganze Zimmer des alten Draise auf den Kopf gestellt, aber nur das fachmännisch ausgehöhlte Buch im Regal gefunden – natürlich leer.

Und was hatte Leo Draise zu dem Ganzen gesagt?
»Mein Name ist Hase, ich weiß von nichts!«

Lösung Kreuzworträtsel

Waagerecht:
1. gesund, 8. OD, 10. Abt, 13. man, 14. (Poliz)Eile(hrbuch), 15. Leo,
16. wird, 17. Zeit, 18. Sinn, 19. Laterne, 24. Mai, 27. Bauer,
29. Keks, 30. Suche, 31. TR, 32. (Kle)Eva(se), 33. mies, 34. Honig,
38. RA, 39. Sieg, 41. k.o., 42. Volt, 43. Net, 44. nie, 46. Retter,
48. ISDN, 49. Meter

Senkrecht:
2. Emil, 3. (RE)ISAR(BEIT), 4. und, 5. Inez, 6. die, 7. Polin, 9. Detektive,
10. Alsmer, 11. bei, 12. Tonis Vater, 20. Abseits, 21. tausend, 22. euch,
23. Reh, 25. Akerl, 26. (B)Ali(ngen), 28. RE, 35. o.k., 36. Norma,
37. Gott, 39. Sein, 40. Gina, 45. EC, 47. Tee

Lösung: EMIL UND DIE DETEKTIVE *BEI TONIS VATER*

5. Fall: Benni arbeitet solo

Es war schon später Abend. Der Kommissar und Benni saßen immer noch beieinander. Benni schwenkte das fertig gelöste Kreuzworträtsel. »Hier, fertig. Da hatte ich schon kräftig dran zu knabbern. Aber ich war immerhin erfolgreich!«

»Ja, ja, Tätigkeit ist das Salz des Lebens, mein lieber Benni. Und ich hoffe, Sie salzen Ihr Leben noch oft und viel. Und nicht meinen Tee!«

Benni lachte. »Anzahl der Buchstaben, das war des Rätsels Lösung und natürlich auch der Eintritts-Code der Bande.«

Der Kommissar nickte. »Ich muss zugeben, Toni Draise war mal wieder sehr clever. Die Bande benutzte einen ziemlich ausgeklügelten Code. Draise hat damit gerechnet, dass sie möglicherweise belauscht werden.« Er kratzte sich am Kopf. »Wie gesagt, hätte ich den Code nicht aus der Kriminalgeschichte gekannt, ich glaube, ich hätte ihn auch nicht kapiert. Dabei ist er so einfach wie genial. Der, der schon drinnen ist, sagt eine Zahl, der andere, der rein will, muss dann als Antwort die Anzahl der Buchstaben nennen. Sagt der drinnen zum Beispiel DREI, muss der draußen mit VIER antworten ...«

»... weil DREI aus vier Buchstaben besteht«, ergänzte Benni. »Zu schade, dass ich das nicht gleich geschnallt habe, Chef. Ich wäre rein und hätte mir alle geschnappt.«

Kommissar Kreuz schüttelte den Kopf. »Ich glaube, es war schon ganz gut, dass Sie nicht allein reingegangen sind.«

»Jedenfalls haben wir wieder was gelernt.«

»Genau«, meinte Benni, »ich weiß zwar nicht, was, aber Sie haben bestimmt Recht.«

Lösung Kreuzworträtsel

Waagerecht:

1. neun, 5. Stiele, 11. aendern, 12. Seil, 13. Robbe, 16. Insel, 17. Ebbe, 18. Antwort, 21. es, 22. (Par)Kette(rneuerung), 24. Rio, 25. Star, 26. As, 28. iah, 30. Ton, 33. Unheil, 35. EF, 36. Niko, 38. Ecken, 40. fett, 41. (Sa)Uwe(tter), 43. hui, 44. (G)ran(ate), 45. Zahl, 46. derb

Senkrecht:

1. Narbe, 2. Tee, 3. unbekannt, 4. und, 5. Seen, 6. Tritt, 7. Inn, 8. Esso, 9. leer, 10. Beil, 14. Obst, 15. (Ge)Baer(den), 19. Weihe, 20. Tor, 23. Tau, 24. Raecher, 25. Stefan, 27. Snow, 29. HI, 31. Ofen, 32. Rita, 34. Leib, 37. Kuh, 39. Kur, 42. ED

Lösung: *ANZAHL DER BUCHSTABEN*

6. Fall: Der süße Safe

Ja, der Kommissar hatte es eben auf allen Gebieten drauf. Auch in der Musik.

»Ganz einfach, Benni, ganz einfach«, sagte er. *Songs von Udo J. und Nena*, das stand auf dem Zettel. Sagten Sie jedenfalls. Also, Nena kennen Sie ja. Und wer ist Udo J.?«

Benni unterbrach ihn. »Schon klar, Udo Jürgens! Irgendwann fiel es mir wie Schuppen von den Fischen. Udo J. ist Udo Jürgens.« Er kratzte sich am Kopf. »Aber das in Zahlen umzuwandeln, das war schon genial von Ihnen.«

»Ach was«, meinte der Kommissar, »ich musste nur ein Lied von Nena suchen, das mit Zahlen zu tun hat. Und eines von Udo Jürgens, in dem Zahlen vorkommen. Das von Udo Jürgens heißt ›Mit sechsundsechzig Jahren‹ und ist sehr bekannt. Jedenfalls bei Oldies wie mir. Sie kennen es ja auch! – Und das von Nena ...«

»Ist das von den neunundneunzig Luftballons«, unterbrach ihn Benni erneut und begann zu singen: »Neunundneunzig Luftball...«

»Nicht schon wieder!« Der Kommissar winkte gequält ab. »Aber der Titel ist natürlich richtig. Und so haben wir die Codezahl für den Safe: 6699.«

»Hätte das nicht auch umgekehrt lauten können?«, fragte Benni.

»Hätte. Hat aber nicht. Weil Sie sich so gut erinnert haben, was auf dem Zettel stand: *Songs von Udo J. und Nena*. Genau in dieser Reihenfolge.«

Der Kommissar setzte sich. »So, mein lieber Benni, jetzt sage ich Ihnen noch eine Zahl. Nämlich zwei!«

»Zwei?« Benni schaute ihn verständnislos an.

»Genau: zwei. Zwei Löffel Zucker kommen in meinen Tee!«

Lösung Kreuzworträtsel

Waagerecht:

1. sechs, 6. sechs, 11. Suche, 12. (Trom)Peter, 13. Ekel, 15. Agassi,
18. Seil, 19. rennen, 20. Sessel, 23. Korn, 24. West,
26. (Pavi)Anna(hrung), 27. Wien, 28. Steffi (Graf), 31. Ufer,
34. Speer, 36. RE, 37. Etui, 39. (B)Leid(ach), 41. Barbies,
43. neun, 44. neun, 45. es

Senkrecht:

1. suess, 2. (B)Ecke(r), 3. ich, 4. hell, 5. sparen, 6. segeln, 7. getan,
8. CE, 9. Uhr, 10. Spinne, 14. (Nasew)Eistee(nager), 16. Snow,
17. Serie, 21. ES, 22. Safe, 23. kaue, 25. essen, 29. Frank,
30. (Gesch)irre(imer), 32. fein, 33. Russe, 35. piep, 38. Tee, 40. du,
41. BN, 42. Bus

Lösung: *sechs sechs neun neun*

7. Fall: Ein dicker Hund im Kunstmuseum

Der Kommissar ist eben ein genauer Zuhörer. Die Kollegen von der Einsatzzentrale hatten berichtet, dass ein Bild von Ken Weser gestohlen worden sei. Das hatte aber nur er gehört, sonst niemand. Und was hatte der alte Draise nach dem Telefonat zum Kommissar gesagt? – »Ach, kommen Sie, Herr Kommissar, einen Ken Weser zu klauen, ist doch kein schweres Verbrechen. Ist doch nur ein Bild!«

Aber woher wusste er überhaupt, dass ein Ken Weser geklaut worden war?

»Ja, woher denn?«, hatte auch Benni den Kommissar gefragt, als sie beide im Büro waren und Benni gerade einen Bleistift an der Maschine anspitzte.

»Na, ist doch klar«, antwortete der Kommissar. »Weil er schon vorher davon gewusst hatte. Weil sein sauberer Sohn ihm schon vorher von seinem Vorhaben erzählt hatte.«

»Toll! Dass Sie das gleich begriffen haben, meine ich! Und Sie haben sich gar nichts anmerken lassen.« Benni bewunderte seinen Chef.

»Der Vorteil der Klugheit besteht darin, dass man sich dumm stellen kann, heißt es so schön. Und ich wollte den alten Draise in Sicherheit wiegen«, meinte der Kommissar. Dann stutzte er und zeigte auf Bennis Bleistiftstummel.

»Oh«, sagte Benni, »jetzt hab ich ihn total weggespitzt.«

Kommissar Kreuz lachte und klopfte Benni Wort freundschaftlich auf die Schulter: »Und ich dachte immer, mein Assistent sei nur eine Spitzenkraft. Dabei ist er auch eine Spitzerkraft!«

Lösung Kreuzworträtsel

Waagerecht:
1. (Zimm)Erde(cke), 5. kann, 8. Tee, 10. Sauna, 11. Loden, 14. surfen,
16. Frage, 18. Messe, 20. super, 22. Sage, 23. (Wa)scht(isch),
24. (Schwein)Eschen(kel), 27. Weile, 29. China, 31. (Da)Menge(wand),
32. hohl, 34. Dessau, 37. EE, 38. Niete, 39. Mut, 40. Einmal, 41. Erster

Senkrecht:
1. Essen, 2. raus, 3. (Lan)dur(laub), 4. Ken, 5. Kaese, 6. Walnuss,
7. (St)Ute, 9. (Ros)Engel(b), 12. OF, 13. drehen, 15. fegen,
17. (St)artig(er), 19. sah, 21. PC, 22. schoen, 25. Schein, 26. Nadel,
27. Weser, 28. Leute, 30. (We)ihn(acht), 31. Meter, 33. Lia,
35. SMS, 36. Auto

Lösungssatz: *ER KANNTE DEN NAMEN DES MALERS*

8. Fall: Toni Draise in Schwarz-Weiß

»Also, Chef, Ihre Kreuzworträtsel werden auch immer schwerer!«, beschwerte sich Benni bei Kommissar Kreuz.

Der grinste. »Ich kann Ihnen natürlich auch welche machen, in denen es heißt: An welchem Fluss liegt Köln am Rhein? Oder: Welche Farbe hat das Rote Kreuz? Wollen Sie lieber so etwas?«

»Nein, nein«, lachte Benni. »Da müsste ich ja überhaupt nicht mehr nachdenken.«

Er kratzte sich am Kopf.

»Aber wie Sie Toni Draise erkannt haben, das war schon richtig super von Ihnen.«

»Danke«, sagte der Kommissar erfreut. »Erinnern Sie sich, wie wir seinerzeit im Hotel saßen und Toni Draise eine Falle stellen wollten? Da kam er doch rein und entschuldigte sich, dass er sich im Zimmer geirrt hätte. Das sagte er mit einer auffallend tiefen Stimme. So eine Stimme hört man selten! Und außerdem blitzten dabei zwei Goldzähne in seinem Mund auf. Daran hab ich mich erinnert. Der angebliche Ulrich Waldhaus heißt in Wirklichkeit Toni Draise!«, schloss der Kommissar.

»Sie meinen also, die tiefe Stimme und die Goldzähne, das zusammen ist der Beweis.«

»Genau«, bestätigte der Kommissar. »Tiefe Stimmen gibt's häufiger, Goldzähne auch. Aber beides zusammen, und das im Altersheim, in dem der alte Draise wohnt, an einen solchen Zufall kann ich nicht glauben.«

»Toll! Von Ihnen kann man wirklich eine Menge lernen«, meinte Benni Wort.

»Tja, lernen ist auch üben! Drum üben Sie jetzt mal, wie man einen richtig schönen Tee macht. Und heute möchte ich bitte keinen normalen Zucker, sondern Kandis!«

»Soll ich Ihnen mal einen Satz mit Kandis sagen?«

»Los!«

»Kann diss sein, dass Sie gute Laune haben?«

»Ja, genau«, lachte der Kommissar.

Lösung Kreuzworträtsel

Waagerecht:

1. Kaugummi, 9. Lap, 11. Akte, 12. (Sze)Neon(kel), 13. EU,
14. Kandis, 15. Fis(ch), 16. Fun, 17. Insel, 19. BC, 20. (Kam)Elba(rt),
23. Besuch, 25. Eislauf, 29. SOS, 31. Streber, 34. Soko, 35. Keile,
36. Ball, 38. Arten, 39. Gera, 41. Strand, 42. (D)Reh, 43. DVD

Senkrecht:

1. Kaffee, 2. Akku, 3. Utan, 4. genial, 5. Hund(ert), 6. Meise,
7. Moses, 8. Einfluss, 9. Leib, 10. Tausch, 18. NB, 21. Liter, 22. BS,
24. cool, 26. Abend, 27. ueber, 28. Frage, 30. Sklave, 31. Skat,
32. (B)Rita(nnien), 33. (Sess)Elend(e), 37. Lehm, 40. RD

Lösung: *TIEFE STIMME – DENKE ANS HOTEL*

9. Fall: To-to-to-to-toni!

Später saßen der Kommissar und Benni dann wieder beisammen. Benni hatte das Kreuzworträtsel gelöst und den Zettel mit dem Rätsel vor sich.

»Ja, also das gefräßige Tier im Bett, dachte ich, ist leicht. Bettwanze. Und dass sie jemanden erwartet, ja klar, wahrscheinlich uns Menschen.«

Er schaute zum Kommissar. Der nickte ihm ermunternd zu.

»Die Oma ist weg, aber welche Oma? Die von der Bettwanze? Die von Toni Draise? Oder die vom Mädchen? Hm. Und dann ist das Mädchen erst weg und wird später gerettet. Das hat mich nicht weitergebracht. Als ich dann aber beim Kreuzworträtsel als Lösung »Rotkäppchen – Wolf« rausbekam, war alles klar. Das Tier ist der Wolf, der im Bett liegt und auf das Rotkäppchen wartet. Die Oma ist verschwunden, weil er sie gefressen hat. Und das Rotkäppchen frisst er auch noch. Klar wie Kloßbrühe!«

Der Kommissar nickte beifällig.

»Und so sind Sie auf das Juweliergeschäft Wolf gekommen?«

»Na ja«, sagte der Kommissar und lehnte sich im Stuhl zurück. »Weil Toni Draise doch gesagt hat, er werde sich dort ›glänzend unterhalten‹. Das ›glänzend‹ musste was zu bedeuten haben, sonst hätte er dabei nicht so gemein gelacht.«

Er warf Benni Wort einen forschenden Blick zu.

»Was glänzt denn alles? Gold, Silber, Edelsteine, alles zusammen. Und das brachte mich auf die Juweliere.

Drum fragte ich Sie, wie die großen Juweliergeschäfte in der Hauptstraße alle heißen. Und das Juweliergeschäft Wolf war natürlich der Volltreffer!«

»Klasse, Chef!«, meinte Benni. »Dann schlagen wir morgen zu und ich werde ihn festnehmen. Höchstpersönlich! Dann schreiben die in der Zeitung: Benni Wort, der gefährliche Super-Assistent des ...« Er brach ab, als er den spöttischen Blick des Kommissars sah.

»Na ja«, fuhr er fort, »Sie und ich und Sie, wir drei werden ihn schnappen und dann können Sie ihn endlich festnehmen!« Benni Wort zwinkerte seinem Chef freundlich zu.

»Und wissen Sie auch, womit?«, fragte der Kommissar.

»Nein.«

»Mit einem metallischen Abführmittel.«

»Hä? Mit einem metallischen Abführmittel?« Benni verstand wieder mal gar nichts.

»Handschellen«, erklärte der Kommissar lachend.

Lösung Kreuzworträtsel

Waagerecht:
1. Zeit, 5. Wallis, 11. Reis, 12. Original, 14. Tetris, 15. Beat, 16. treten, 18. Abba, 21. Bett, 24. Esel, 25. hob, 26. leise, 27. Plage, 28. Kleb, 30. rauben, 32. Buero, 33. (W)Alf(ang), 34. Ende, 35. Effe(nberg), 37. Beeren, 41. Ross, 42. erraten, 43. AC

Senkrecht:
1. Zettel, 2. Eier, 3. Piste, 4. Torte, 6. Mais, 7. LG, 8. Liebhaber, 9. Tina, 10. SAT, 13. Riese, 15. Ball, 17. Nepal, 19. Bogen, 20. (R)Abend(asein), 22. Telefon, 23. (S)Tier, 28. Kuer, 29. boese, 30. Rabe, 31. Ufer, 36. FS, 38. ER, 39. ET, 40. neu

Lösung: *ROTKAEPPCHEN – WOLF*

10. Fall: Der große Tag der Soko

»Donnerwetter, Benni! Das haben Sie ja ganz fabelhaft gemacht!«, sagte der Kommissar am Abend zu Benni Wort.

Der wurde ganz rot vor Freude. Beide saßen im Krankenhauszimmer des Kommissars, dem es inzwischen schon viel besser ging.

»Es hat sich wieder mal gezeigt, dass Toni Draise immer das tut, was man nicht von ihm erwartet. Es klopfte an meinem Wagen und eine Stimme sagte: ›Eine Nachricht für Sie, Herr Kommissar‹. Ich machte auf und schon bekam ich eins über den Schädel gezogen. Und ich glaubte immer, ich wär schlauer!«, sagte der Kommissar und fasste sich an den Kopf.

»Ja, aber haben Sie ihn denn nicht an seiner tiefen Stimme erkannt?«

»Nein. Draise war das ganz sicher nicht. Sonst hätte ich ja gar nicht aufgemacht.«

»Aha, dann war das also sein Komplize, der Ihnen einen neuen Scheitel gezogen hat. Wissen Sie was, Herr Kreuz? Mir hatte der Toni Draise beim Verhör gesagt, dass er sich schon gedacht hatte, dass Sie das Rätsel lösen würden. Aber er war sich sicher, wenn er Sie ausschaltete, dann würde der Coup dennoch gelingen. Weil er nämlich den Rest unserer Soko für nicht so clever hielt.«

Kommissar Kreuz nickte. »Wie ich schon immer gesagt habe: Hochmut kommt vor dem Fall. Der Draise ist einfach größenwahnsinnig geworden. Denkt, er könnte unter unseren Augen den Laden ausrauben!«

»Seine Verkleidung war übrigens ganz hervorragend!«

»Ja, aber an seine Stimme hat er nicht gedacht«, meinte der Kommissar.

»Und an seine Goldzähne auch nicht«, freute sich Benni.

»Und wie sind Sie denn nun draufgekommen, was HEIMAT RESL bedeutet?«

»Ach, das war einfach so eine Eingebung«, meinte Benni leichthin. »Die Ärztin hatte berichtet, es gehe Ihnen schon wieder ganz gut, obwohl sich Ihnen noch alles drehe. Na ja, und beim Wort DREHEN da fing ich an, die Buchstaben in HEIMAT RESL mal etwas zu verdrehen ... und schon kam ALTERSHEIM heraus! Und da wusste ich natürlich, wo er sein ganzes Diebesgut versteckt hatte. Nicht bei seinem Vater im Zimmer, aber woanders im Altersheim. Der Schlüssel passte zu einem Kellerraum. Dort haben wir dann auch prompt alles gefunden, was er in der letzten Zeit erbeutet hatte. Im Keller hätten wir eigentlich schon vorher nachsehen müssen. Da waren wir nicht auf Draht, Chef.«

»Und der Vater, was ist mit dem alten Draise?«

»Nichts Neues, handfeste Beweise gegen ihn haben wir nicht.«

Der Kommissar unterdrückte ein Gähnen.

»Das junge Pärchen im Laden, gehörte das zur Bande?«

»Nein, die waren ganz zufällig da. Das haben wir überprüft.«

»Noch einmal, Benni, Kompliment, großes Kompliment!«, sagte der Kommissar. »Nicht umsonst sage ich immer: Durch Fehler wird man klug. Sie sind jedenfalls sehr klug geworden!«

»Und vor allem«, fuhr Benni eifrig fort, »haben wir

im Kellerraum in einer Metallkassette eine Adressenliste aller Bandenmitglieder gefunden, die wir dann auch gleich festnehmen konnten. Insgesamt siebzehn Festnahmen haben wir durchgeführt.«

»Also ein totaler Erfolg!«

Der Kommissar sank in sein Kissen zurück. »Damit kann die SOKO TONI DRAISE aufgelöst werden – alle Aufgaben komplett erledigt. Übrigens, vorhin war der Polizeipräsident hier. Wir kriegen eine dicke Belobigung!«

Der Kommissar blickte seinen Assistenten stolz an.

»Und das zu Recht, mein Lieber! Sie haben sehr gute Arbeit geleistet. Nicht nur hierbei, sondern sonst auch. Und sogar das Kreuzworträtsel haben Sie gut gemacht. Ende gut, alles gut.«

Wieder färbte sich Benni Worts Kopf vor Freude rot.

»Danke, Kommissar Kreuz, danke. Ja, mit der SOKO TONI DRAISE geht es zu Ende, das stimmt. Aber ich hoffe, nicht mit der Kreuz-Wort-Bande! Äh, darf ich Ihnen, bevor ich Sie alleine lasse, noch eine persönliche Frage stellen?«

»Nur zu!«

»Immer nenne ich Sie Kommissar Kreuz. Wie heißen Sie eigentlich mit Vornamen?«

Sein Chef grinste. »Kommissar natürlich!«

Und lächelnd schlief er ein.

Lösung Kreuzworträtsel

Waagerecht:
1. Edelsteine, 11. lauschen, 12. (L)Ast(wagen), 13. ES, 14. Rehe,
15. Wade, 17. Froh, 19. maehen, 20. BAB, 22. Haut, 23. halbe,
25. neu, 26. Cent, 29. KR, 30. (S)Tuer(me), 31. Kraene, 32. Altersheim,
35. Meer, 37. Eistee, 40. (At)Henne(bel), 41. Seiten

Senkrecht:
1. Elefant, 2. das, 3. (H)Euro(llen), 4. (Koch)Else(e), 5. Schmuck,
6. Theater, 7. Fee, 8. IN, 9. Nadel, 10. lesen, 15. weh, 16. (B)aha(mas),
18. Haare, 21. Beulen, 22. hueten, 24. Bremen, 27. nah, 28. Tee,
29. Knie, 32. (N)Amen, 33. Rest, 34. sie, 36. RE, 38. Sir, 39. TT

Lösungswort: *ALTERSHEIM*

Ravensburger Bücher

Wusstest du schon?

Mitchell Symons

**Warum können Schildkröten durch den Po atmen?
Verrückte Fakten aus dem Tierreich**

Elefanten schlafen nur etwa zwei Stunden pro Tag.
Raupen haben zwölf Augen.
Kakerlaken können bis zu neun Tage lang ohne Kopf überleben.

Spannende und unglaubliche Fakten über Tiere.
Zum Staunen und Weitererzählen!

ISBN 978-3-473-**53126**-4

Mitchell Symons

**Warum heißt Batman in Schweden Läderlappen?
Verrückte Fakten über die Welt**

In Australien leben mehr Schafe als Menschen.
Über die Hälfte der Erdbevölkerung hat noch nie telefoniert.
Tonga ist das einzige Land mit bananenförmigen Briefmarken.

Faszinierende und verblüffende Fakten über die ganze Welt.
Zum Kaputtlachen und Angeben!

ISBN 978-3-473-**53128**-8

www.ravensburger.de

Ravensburger Bücher

Teuflische Technik

ISBN 978-3-473-**52385**-6

Schaurige Schatzsuche

ISBN 978-3-473-**52396**-2

www.ravensburger.de